M000048703

50 DÍAS DEL
CIELO

Reflexiones que Dan Luz sobre la Eternidad

RANDY
ALCORN

TYNDALE HOUSE PUBLISHERS, INC.
CAROL STREAM, ILLINOIS

Visite la apasionante página de Tyndale Español en Internet: www.tyndaleespanol.com

TYNDALE y la pluma del logotipo son marcas registradas de Tyndale House Publishers, Inc.

50 Días del Cielo: Reflexiones que Dan Luz sobre la Eternidad

© 2008 por Eternal Perspective Ministries. Todos los derechos reservados.

Fotografía de la portada © por Gunter Marx Photography/Corbis. Todos los derechos reservados.

Diseño: Jessie McGrath

Traducción al español: Raquel Monsalve

Edición del español: Mafalda E. Novella

Versículos bíblicos sin otra indicación han sido tomados de la *Santa Biblia,* Nueva Versión Internacional®. © 1999 por la Sociedad Bíblica Internacional. Usado con permiso de Zondervan. Todos los derechos reservados.

Versículos bíblicos indicados con RV60 han sido tomados de la *Santa Biblia,* versión Reina Valera 1960®. © por las Sociedades Bíblicas Unidas. Usado con permiso. Todos los derechos reservados.

Versículos bíblicos indicados con BLS han sido tomados de la Biblia en Lenguaje Sencillo. © Sociedades Bíblicas Unidas, 2000. Usado con permiso.

Publicado en inglés en 2006 como *50 Days of Heaven: Reflections That Bring Eternity to Light* por Tyndale House Publishers, Inc. ISBN-10: 1-4143-0976-7; ISBN-13: 978-1-4143-0976-7.

Library of Congress Cataloging-in-Publication Data

Alcorn, Randy C.
  [50 days of heaven. Spanish]
  50 días del cielo : reflexiones que dan luz sobre la eternidad / Randy Alcorn.
      p. cm.
  Includes bibliographical references and index.
  ISBN-13: 978-1-4143-1725-0 (hc : alk. paper)
  ISBN-10: 1-4143-1725-5 (hc : alk. paper)
  1. Heaven—Christianity—Meditations. I. Title. II. Title: Cincuenta días del cielo.
  BT846.3.A43218 2008
  236'.24—dc22   2007049495

Impreso en los Estados Unidos de América

13   12   11   10   09   08
  6   5   4   3   2   1

Dedicado a Shirley Embanks,
quien ama a Jesús y
ora fielmente por nosotros y por muchos otros;
tu recompensa será grande.

AGRADECIMIENTOS

Mi agradecimiento especial a nuestra amiga Doreen Button, quien revisó cada página y sugirió revisiones en tres etapas de este proyecto. Doreen, eres fantástica.

Bonnie Hiestand incorporó en la computadora mis correcciones escritas a mano en el manuscrito. Kathy Norquist, Linda Jeffries, Janet Albers, Sharon Misenhimer y Sarah Ballenger ayudaron de diferentes maneras.
Estoy muy agradecido por estas hermanas y por todas las personas que sirven tan fielmente en la oficina de nuestro ministerio, EPM.

En Tyndale House, muchas gracias a mi amigo y editor Dave Lindstedt y a Carol Traver, Maria Eriksen y Ron Beers. Travis Thrasher probablemente también hizo algo que ayudó, aunque no estoy seguro de lo que fue. Gracias a Lynn Vanderzalm por su trabajo editorial en algunas de las primeras versiones del material. Gracias también al equipo de ventas de Tyndale, a Paul Mathews por su atención a los detalles en lo relacionado a la administración de mis libros, y a todas las demás personas en Tyndale.

Gracias a Ruthanna Metzgar por compartir su historia, y a mis amigos Steve Keels y Stu Weber por su aliento semanal.

Gracias siempre y en todas las cosas a mi familia: Nanci, mi maravillosa esposa; nuestros fantásticos hijos e hijas: Dan y Angela Stump y Dan y Karina Franklin; y a nuestros amados nietos, Jake, Matthew, Ty y Jack.

PREFACIO
Acerca de este libro

Cincuenta Días del Cielo ha sido tomado de porciones seleccionadas de mi libro más grande titulado *El Cielo*. He revisado y reescrito partes de ese libro en cincuenta segmentos apropiados para cincuenta días consecutivos de reflexión, o que pueden leerse a preferencia del lector, y en cualquier orden que quiera elegir.

He recibido muchas respuestas alentadoras sobre *El Cielo* que indican un interés tremendo en esta materia y un deseo de verla tratada en otros formatos. Espero que este libro de lecturas devocionales sea útil y traiga más luz sobre el tema.

Este libro se ha escrito para dos clases diferentes de lectores: aquellos que no han leído *El Cielo* y se sienten atraídos hacia algo más corto que el libro en el cual se ha tratado todo a fondo, y con un formato más de lectura devocional; y para aquellos que han leído *El Cielo* pero les gustaría volver al tema, y reflexionar en segmentos breves que son más fáciles de asimilar. Yo creo que los lectores del libro *El Cielo* estarán de acuerdo en que estas porciones más cortas tienen un efecto y sentido diferentes.

Al desarrollar estas meditaciones, he integrado algún material nuevo. La lectura de cada día incluye su propia introducción y conclusión, un pasaje seleccionado de las Escrituras y una cita inspiradora sobre el Cielo que corresponde al tema del día. He completado cada meditación con una pregunta final para meditar en ella —a menudo algo que pide una respuesta— y una oración personal que se basa en la reflexión.

He elegido escribir las palabras *Cielo* e *Infierno* con mayúscula para destacar el hecho de que esos son lugares reales. En otras palabras, estoy tratando el nombre de esos destinos finales como lo hacemos con cualquier otro lugar, tal como Chicago, Nigeria, Europa o Saturno. También he escrito con mayúscula *Nueva Tierra,* por la misma razón que escribimos con mayúscula *Nueva Inglaterra.* Las únicas excepciones son cuando estoy citando escritores que no usan mayúsculas para esas palabras, o cuando estoy citando versículos bíblicos, porque ninguna de las traducciones modernas de la Biblia usa mayúsculas para *cielo* o *infierno.*

No fue fácil elegir sólo cincuenta porciones de mi libro *El Cielo* para estas meditaciones. ¡Hay tanto más para hablar! Sin embargo, confío en que estas lecturas diarias ayudarán a encender su pasión por el Cielo, lo inspirarán a acercarse más a Dios y despertarán su apetito para aprender más acerca del plan de Dios para la Nueva Tierra. Si cuando ha terminado quiere una exploración más detallada de este fascinante tema y de los muchos pasajes bíblicos que hablan del plan eterno de Dios, tal vez quiera consultar el libro más grande titulado *El Cielo.*

INTRODUCCIÓN
Aprendiendo a ver en el país de los ciegos

Ana dio gracias a Dios y comenzó a hablar del niño a
todos los que esperaban la redención de Jerusalén.
— LUCAS 2:38

*El reino de Dios . . . no quiere decir simplemente la salvación
de ciertos individuos, ni siquiera la salvación de un grupo
escogido de personas. Quiere decir nada menos que la completa
renovación del cosmos entero, culminando en el nuevo cielo y la
nueva tierra.*[1]
— ANTHONY HOEKEMA

La mayor parte de las culturas creen en la vida después de la
muerte. La pregunta no es si la gente va a vivir para siempre,
sino dónde van a vivir y en qué condición. La mayor parte de las
culturas también tiene un concepto del Cielo y del Infierno. Ve a
algunas personas como que tienen una calidad de vida eterna que
es mucho más que una simple existencia, y a otras las ve viviendo
en un estado de muerte eterna más bien que de vida. Este punto
de vista por cierto que es compatible con lo que enseñó Jesús:

"Aquéllos [los injustos] irán al castigo eterno, y los justos a la vida eterna" (Mateo 25:46).

Es triste, pero muchos de los que creen en el Cielo piensan que es un lugar aburrido e indeseable. Esta perspectiva podría ser resumida mejor por las palabras de George Bernard Shaw, el dramaturgo irlandés, quien observó: "El Cielo, como se concibe convencionalmente, es un lugar tan soso, tan aburrido, tan inútil, tan desdichado, que nadie se ha atrevido a describir un día entero en el cielo, aunque muchos han descrito un día a la orilla del mar." Sin embargo, el punto de vista de Shaw está en absoluto contraste con la mentalidad de los cristianos primitivos, cuya anticipación del Cielo encontramos preservada en las catacumbas romanas, donde se enterraron los cuerpos de muchos cristianos del siglo primero que fueron martirizados. Estas cavernas subterráneas están llenas de inscripciones tales como las siguientes, que se encontraron en tres tumbas separadas:

En Cristo, Alejandro no está muerto sino vive.

Uno que vive con Dios.

Él fue llevado a su morada eterna.

Un historiador escribe: "Dibujos en las paredes de las catacumbas representan al Cielo con hermosos paisajes, niños jugando y personas comiendo en banquetes."[2]

En 125 d.C., un griego llamado Arístides le escribió a un amigo acerca del cristianismo explicándole por qué esta "nueva religión" tenía tanto éxito: "Si un hombre justo entre los cristianos deja este mundo, ellos se regocijan y le dan gracias a Dios, y acompañan su cuerpo con canciones y agradecimiento como si fuera de un lugar a otro cercano."

Las perspectivas de estos cristianos primitivos nos suenan casi extrañas hoy en día, ¿no es verdad? Pero sus creencias estaban arraigadas en las Escrituras en pasajes tales como Filipenses 1:21-23, donde el apóstol Pablo escribe: "Para mí el vivir es Cristo y el morir es ganancia.... ¿Qué escogeré? ... Deseo partir y estar con Cristo, que es muchísimo mejor." Pablo también escribió: "Sabemos que mientras vivamos en este cuerpo estaremos alejados del Señor. ... Preferiríamos ausentarnos de este cuerpo y vivir junto al Señor" (2 Corintios 5:6, 8).

A través de los siglos, el Cielo ha jugado un papel importantísimo en las vidas de los hijos de Dios. El Cielo es la estrella polar con la cual innumerables creyentes han navegado a través de la vida. ¿Pero se ha dado cuenta? Hoy en día, en gran parte, el Cielo no se encuentra en las pantallas de nuestros radares. Si somos honestos, debemos admitir que no estamos diaria y conscientemente anhelando el Cielo, y mucho menos la Nueva Tierra. Hemos reducido el Cielo a algo que es de otro mundo, y hemos ignorado la clara promesa bíblica de un universo redimido en el cual serviremos como los gobernadores que Dios ha delegado. Nos hemos vuelto ciegos a la verdad, y hemos perdido nuestro vocabulario que expresa maravillas y nuestra anticipación del gran y glorioso plan que Dios tiene preparado para nosotros. Jesús dijo del diablo: "Cuando miente, expresa su propia naturaleza, porque es un mentiroso. ¡Es el padre de la mentira!" (Juan 8:44). Algunas de las mentiras favoritas del diablo son acerca del Cielo.

En su corta historia titulada "The Country of the Blind [El País de los Ciegos]," H. G. Wells escribe sobre una tribu en un remoto valle que se encuentra cercado con una enorme cordillera, separado del resto del mundo por una enorme avalancha que ha destrozado los desfiladeros. Como resultado de una terrible epidemia, generaciones sucesivas de esta tribu nacen todos ciegos. Finalmente, como cultura, pierden el concepto de la *visión* y no tienen conciencia del mundo que no pueden ver. Debido a su discapacidad, no saben su verdadera condición. Cuando un extranjero que puede ver llega al pueblo, piensan que es una criatura recién formada, con sentidos imperfectos, y que todo lo que dice en cuanto a ver es locura. No pueden entender esa otra dimensión llamada *vista*. Aunque se han adaptado a sus circunstancias, no se pueden imaginar qué mundos puede haber más allá de su valle.

Espiritualmente, vivimos en el país de los ciegos. La enfermedad del pecado nos ha cegado a la verdad acerca de Dios y del Cielo, que son reales aunque no los podamos ver. Afortunadamente, Jesús ha venido desde el Cielo a nuestro valle para hablarnos de su Padre y del mundo más allá. Si lo escuchamos —lo cual requiere un esfuerzo concentrado para vencer nuestras presuposiciones, nuestra ignorancia y las mentiras del diablo—, obtendremos una mejor comprensión de nuestras circunstancias presentes y del mundo venidero. Ya no nos conformaremos a este siglo, sino que seremos transformados por medio de la renovación de nuestro entendimiento (Romanos 12:2, RV60). Como consecuencia, nuestras vidas cambiarán para siempre.

Cuando Jesús les dijo a sus discípulos: "En el hogar de mi Padre hay muchas viviendas. . . . Voy a prepararles un lugar" (Juan 14:2), en forma deliberada eligió términos físicos comunes *(hogar, viviendas, lugar)* para describir a dónde iba y lo que estaba preparando. Él quería darles a sus discípulos (y a nosotros) algo tangible que anticipar —un lugar real, un hogar donde ellos (y nosotros) iríamos para estar con él.

El Cielo que describe Jesús no es un mundo inmaterial de espíritus incorpóreos. Un lugar así nunca podría ser un hogar para nosotros, porque los seres humanos no están hechos para una existencia inmaterial. Un *lugar* por naturaleza es algo físico, al igual que por naturaleza los seres humanos son tanto físicos como espirituales. Y hemos sido hechos —hemos sido diseñados específicamente— para un lugar como el que Dios ha hecho para nosotros: la Tierra. Fuimos hechos *de* la tierra y *para* la Tierra. La Tierra es nuestro hogar.

Cuando Ana vio al niño Jesús, "dio gracias a Dios y comenzó a hablar del niño a todos los que esperaban la redención de Jerusalén" (Lucas 2:36-38).

Las personas con las cuales Ana habló acerca de Jesús, el Mesías-Rey, eran "los que esperaban la redención de Jerusalén," y que estaban haciendo exactamente lo que Pedro dice que debemos hacer: "espera[r] un cielo nuevo y una tierra nueva, en los que habite la justicia" (2 Pedro 3:13). Este es el evangelio del Reino. Cualquier cosa que sea menos es un plan limitado y truncado del plan redentor de Dios.

Dios no cometió un error cuando formó al primer ser humano del polvo de la tierra. Él no estaba hablando en forma metafórica cuando dijo que quería que la humanidad viviera en la Tierra y que gobernara la Tierra. Y Dios no ha abandonado su plan y diseño originales. Un día, él restaurará lo que ha sido corrompido por el pecado, y traerá al Cielo a un lugar llamado la Nueva Tierra. Allí es donde nos invita a cada uno de nosotros a ir a vivir con él para siempre.

Si captamos esta notable verdad, nos daremos cuenta finalmente de que nuestro problema más básico no es que queremos *demasiado*. Al contrario, es que queremos *muy poco*. C. S. Lewis lo expresa de esta manera: "Si consideramos las extraordinarias promesas de recompensas en los Evangelios, parecería que Dios no encuentra que nuestros deseos sean demasiado fuertes, sino demasiado débiles. Somos criaturas tibias que jugamos con las bebidas y los impulsos sexuales y la ambición cuando se nos ofrece gozo infinito, al igual que un niño ignorante que quiere continuar haciendo tortas de barro en un barrio pobre porque no puede imaginarse lo que significa una oferta de una vacación a orillas del mar. Nos conformamos con muy poco."[3]

Cuando se trata de entender el Cielo, ¿ha estado usted conforme con muy poco?

SI TAN SÓLO PUDIÉRAMOS VER LA COSTA

Alégrense de que sus nombres están escritos en el cielo.

— LUCAS 10:20

*Nos conviene pasar nuestra vida como un viaje hacia el cielo.
... ¿Por qué deberíamos trabajar o dedicarnos a ninguna
otra cosa, sino a lo que es nuestro fin apropiado y nos traerá
felicidad verdadera?*[4] — JONATHAN EDWARDS

La vida en este mundo, la forma en que es ahora y la forma en que *nosotros* somos ahora, no es fácil, ¿no es verdad?

Tal vez usted lleva cargas, se siente desanimado, deprimido o aun traumatizado. Tal vez ha perdido a un ser querido. O es posible que sus sueños —su familia, su carrera, o las ambiciones de toda su vida— se hayan hecho trizas. Tal vez se ha vuelto cínico o ha perdido toda esperanza. Todo eso puede cambiar con una comprensión bíblica de la verdad acerca del Cielo.

Los optimistas seculares son simplemente personas que se hacen ilusiones. Han descubierto las ventajas actuales del optimismo, y llevan a cabo seminarios y escriben libros sobre pensar en forma positiva. Algunas veces capitalizan el optimismo al hacerse ricos y famosos. Pero entonces ¿qué es lo que sucede? Finalmente envejecen o se enferman, y cuando mueren, no están preparados para encontrarse con Dios. Su optimismo es finalmente una ilusión, porque falla en cuanto a tomar en cuenta la eternidad.

El único fundamento apropiado para el optimismo es la obra redentora de Jesucristo. Si edificamos nuestra vida sobre este fundamento sólido, todos deberíamos ser optimistas. ¿Por qué? Porque aun nuestras experiencias más dolorosas en la vida no son sino contratiempos temporales. Tal vez nuestro dolor y sufrimiento no sean aliviados en esta vida, pero *con toda certeza* serán aliviados en la vida venidera. Esa es la promesa de Cristo —que no habrá dolor o muerte, que él enjugará todas nuestras lágrimas. Él tomó todo nuestro sufrimiento sobre sí mismo para que un día pueda quitar todo el sufrimiento del mundo. Ese es el fundamento bíblico de nuestro optimismo. Cualquier otro fundamento es como la arena, no como la roca. No soportará el peso de nuestra eternidad.

Ningún creyente debería ser pesimista. Deberíamos ser realistas, con nuestro enfoque en la *realidad* de que servimos a un Dios soberano y que imparte gracia. Debido a la *realidad* del sacrificio expiatorio de Cristo y a sus promesas, el realismo bíblico *es* optimismo.

Cuando meditamos en el Cielo y aprendemos a esperarlo con anticipación, no eliminamos nuestro dolor, pero podemos aliviarlo y ponerlo en perspectiva. Recordamos que el sufrimiento y la muerte son sólo condiciones temporales.

Jesús vino para librarnos del temor a la muerte, porque "él también compartió esa naturaleza humana para anular, mediante la muerte, al que tiene el dominio de la muerte —es decir, al diablo—, y librar a todos los que por temor a la muerte estaban sometidos a esclavitud durante toda la vida" (Hebreos 2:14-15).

A la luz de la futura resurrección de los muertos, el apóstol Pablo pregunta: "¿Dónde está, oh muerte, tu victoria? ¿Dónde está, oh muerte, tu aguijón?" (1 Corintios 15:55).

No deberíamos idealizar la muerte. Pero los que conocen a Jesús se deberían dar cuenta de que la muerte es una puerta hacia un gozo que no tiene fin.

Comprender lo que enseña la Biblia hacerca del Cielo cambiará de lugar nuestro centro de gravedad y alterará en forma radical nuestra perspectiva de la vida. Nos dará *esperanza*, una palabra que el apóstol Pablo usa seis veces en Romanos 8:20-25, donde explica que toda la creación espera nuestra resurrección y la futura redención del mundo.

No ponga su esperanza en las circunstancias favorables de la vida porque no pueden durar y no durarán. En cambio, ponga su esperanza en Jesucristo y en sus promesas. Un día él volverá, y aquellos que han colocado su fe en él serán resucitados a la vida en la Nueva Tierra. Contemplarán el rostro de Dios y lo servirán para siempre.

En 1952, Florence Chadwick entró a las aguas del Océano Pacífico en la isla Catalina, California, determinada a nadar hasta llegar a la costa del continente. Era una nadadora con mucha experiencia, y había sido la primera mujer que nadó el Canal de la Mancha en las dos direcciones.

Aquel día, el tiempo estaba con niebla y frío; Florence casi no podía ver los botes que la acompañaban. Pero con todo, nadó en forma constante durante quince horas. Cuando rogó que la sacaran del agua, su madre, que iba en uno de los botes que la acompañaban, le dijo que estaba cerca de la costa, y que podía llegar allí. Finalmente, extenuada física y emocionalmente, Florence dejó de nadar y fue sacada del agua. No fue sino hasta que estuvo en el bote que se dio cuenta de que la costa quedaba a menos de un kilómetro de distancia. Al día siguiente, en una conferencia de noticias, ella dijo: "Todo lo que podía ver era la neblina. . . . Creo que si hubiera podido ver la costa, lo hubiera logrado."[5]

Cuando enfrenta desánimo, dificultades o fatiga, o cuando está rodeado por la neblina de circunstancias inciertas, ¿está pensando, *si sólo pudiera ver la costa, creo que lo lograría?*

Ponga su mira en Jesucristo, la Roca de salvación. Él es quien ha prometido preparar un lugar para aquellos que ponen su esperanza en él, un lugar en el cual vivirán con él para siempre. Si podemos aprender a colocar nuestros ojos en Jesús, ver a través de la neblina y vislumbrar nuestro hogar eterno con los ojos de la mente, eso nos consolará y nos revitalizará, dándonos una visión clara de la línea de llegada.

Cuando el apóstol Pablo enfrentó privaciones, golpes y la cárcel, dijo: "Una cosa hago: olvidando lo que queda atrás y esforzándome por alcanzar lo que está delante, sigo avanzando hacia la meta para ganar el premio que Dios ofrece mediante su llamamiento celestial en Cristo Jesús" (Filipenses 3:13-14).

¿Qué fue lo que le dio a Pablo la fortaleza y perspectiva para "seguir avanzando hacia la meta"? Una visión clara del Cielo. Él quería "ganar el premio" que le esperaba en el Cielo, y sabía que Dios le había hecho un "llamamiento celestial en Cristo Jesús."

Si usted está cansado y no sabe cómo puede continuar avanzando, oro que este libro le dé aliento, visión y esperanza. Sin importar lo dura que llegue a ser la vida, si puede ver la costa y sacar su fortaleza de Cristo, logrará llegar.

¿Puede ver la costa? ¿Le pedirá a Dios ahora que lo ayude a verla?

━✦ *Oh Dios, Padre de toda promesa y esperanza, Creador de un mundo que fue una vez perfecto y que un día será perfecto otra vez, ayúdanos a ver más allá de la neblina de este mundo. Ayúdanos a ver la costa de la patria que nos espera —un reino glorioso y eterno comprado por el sacrificio de amor de Jesucristo, nuestro Salvador y Rey de reyes.*

CON UNA MENTE CELESTIAL
Y ÚTILES EN LA TIERRA

Busquen las cosas de arriba, donde está Cristo sentado a
la derecha de Dios. Concentren su atención en las cosas
de arriba, no en las de la tierra.　　— COLOSENSES 3:1-2

Es desde que los creyentes, en gran parte, han dejado de pensar en
las cosas del otro mundo, que se han vuelto tan ineficaces en este.[6]
　　　　　　　　　　　　　　　　　　　— C. S. LEWIS

A través de los años, muchas personas me han dicho: "No
deberíamos pensar acerca del Cielo. Deberíamos pensar
sólo en Jesús."

Este punto de vista suena espiritual, ¿no es verdad? Pero se basa
en suposiciones incorrectas, y se contradice con toda claridad en
las Escrituras.

Colosenses 3:1-2 es un mandamiento directo a concentrar
nuestra mente en el Cielo. Concentramos nuestra atención en
el Cielo porque amamos a Jesucristo y el Cielo es el lugar donde
él vive ahora. Anhelar el Cielo es anhelar a Cristo. Anhelar a
Cristo es anhelar el Cielo, porque allí es donde estaremos con

él. Es por eso que los hijos de Dios anhelan "una patria mejor" (Hebreos 11:16).

En Colosenses 3:1, la palabra griega traducida "concentren su atención" es *zeteo,* la cual "denota la búsqueda filosófica general del hombre."[7] La misma palabra se usa en los evangelios para describir cómo "el Hijo del Hombre vino a *buscar* y a salvar lo que se había perdido" (Lucas 19:10, itálicas añadidas). *Zeteo* también se usa para describir la forma en que un pastor busca a su oveja perdida (Mateo 18:12), una mujer busca una moneda perdida (Lucas 15:8), y un mercader busca perlas finas (Mateo 13:45). Es una búsqueda diligente, activa, resuelta. Así que podemos entender la amonestación de Pablo en Colosenses 3:1 como sigue: "En forma diligente, activa y resuelta busquen las cosas de arriba"—en una palabra, el *Cielo.*

El verbo *zeteo* está en tiempo presente, sugiriendo un proceso que continúa. "Continúe buscando el Cielo." No sólo hable acerca de él, o lea un libro, o escuche un sermón y sienta como que ha cumplido el mandamiento. Si va a pasar la vida venidera viviendo en el Cielo, ¿por qué no pasar esta vida buscando el Cielo para que pueda anticiparlo con ansias y prepararse para él?

El mandamiento, y la explicación, implican que no hay nada automático en cuanto a pensar en el Cielo. De hecho, la mayoría de los mandamientos asume que hay resistencia a obedecerlos, lo cual indica la necesidad del mandamiento. Se nos dice que evitemos la inmoralidad sexual porque esa es nuestra tendencia. No se nos dice que evitemos saltar de los techos de los edificios, porque normalmente no batallamos con esa tentación. Todos los días el mandamiento de pensar en el Cielo es atacado de cien maneras diferentes. Todo milita contra pensar acerca del Cielo. Nuestra mente está fijada en forma tan fija en la Tierra que no estamos acostumbrados a pensamientos celestiales. Así que es algo que debemos determinar hacer.

¿Qué ha estado haciendo diariamente para concentrar su atención en las cosas de arriba, para *buscar* el Cielo? ¿Qué debería hacer en forma diferente?

Tal vez tema que su mente sea "tan celestial que no sea útil en la Tierra." Tranquilícese, ¡no hay nada de qué preocuparse! Al contrario, muchos de nosotros tenemos una mente tan terrenal que no somos útiles ni para el Cielo ni la Tierra. Como observara C. S. Lewis:

> Si usted lee la historia, encontrará que los creyentes que hicieron más por el mundo presente fueron aquellos que pensaron más en el venidero. Los apóstoles mismos, quienes se propusieron lograr la conversión del Imperio Romano, los grandes hombres que le dieron forma a la Edad Media, los evangelistas ingleses que abolieron el tráfico de esclavos, todos dejaron su marca en la Tierra precisamente porque sus mentes estaban ocupadas con el Cielo. Es desde que los creyentes, en gran parte, han dejado de pensar en las cosas del otro mundo que se han vuelto tan ineficaces en este. Ponga su mira en el Cielo, y lo de la Tierra "le será añadido": ponga su mira en la Tierra, y no tendrá ninguno de los dos.[8]

Necesitamos una generación de personas con mente celestial que vean a los seres humanos y a la Tierra no simplemente como son, sino como Dios tiene la intención de que sean. Estas personas pasarán a sus hijos un legado mucho más valioso que cualquier herencia.

Debemos comenzar por razonar basándonos en la verdad de Dios revelada. Pero este tipo de razonamiento requerirá que usemos nuestra imaginación, guiada por las Escrituras. Como escritor de literatura no ficción y maestro de la Biblia, comienzo por ver lo que en efecto dice la Biblia. Como escritor de novelas, tomo esa revelación y la agrego al ingrediente vital de la imaginación.

Como dijera Francis Schaeffer: "El creyente es el hombre verdaderamente libre —es libre para tener imaginación. Esto es también nuestra herencia. El creyente es la persona cuya imaginación debería volar más allá de las estrellas."[9]

Schaeffer siempre comenzó con la verdad de Dios revelada. Pero nos exhortó a que dejáramos que esa verdad le diera alas a nuestra imaginación. La imaginación no debería volar *alejándose* de la verdad, sino *sobre* la verdad.

Tal vez usted esté luchando con mucho dolor y pérdida, pero Jesús dice: "¡Anímense!" (Juan 16:33). ¿Por qué? Porque la nueva casa está casi lista para usted. El día de la mudanza se acerca. El oscuro invierno está siendo casi mágicamente transformado en primavera. Un día muy pronto usted estará en su hogar por primera vez.

Hasta entonces, lo animo a que encuentre gozo y esperanza a medida que medita en la verdad sobre el Cielo revelada en la Biblia.

¿Por qué no le pide a Dios que haga que su imaginación vuele y que su corazón se regocije?

Gracias, Dios, por el don de la imaginación. En un mundo en el cual con tanta frecuencia las ideas son basadas en arena movediza y son contrarias a la buena doctrina, ayúdanos a estar firmemente basados en tu Palabra. Ayúdanos a estar saturados en la enseñanza que hay en ella. Gracias por prometernos "muchísimo más que todo lo que podamos imaginarnos o pedir"[10] en tu reino eterno.

CUANDO VEAMOS EL ROSTRO DE DIOS

[Los siervos de Dios] lo verán cara a cara.

— Apocalipsis 22:4

Me levantaré de los muertos. . . . Veré al Hijo de Dios, el Sol de Gloria, y brillaré como brilla el sol. Seré unido al Anciano de Días, a Dios mismo, para quien el tiempo no existe, nunca comenzó. . . . Ningún hombre jamás vio a Dios y vivió. Y sin embargo, yo no viviré hasta que vea a Dios; y cuando lo haya visto, nunca moriré.[11]

— John Donne

Nuestro anhelo del Cielo es nuestro anhelo por Dios, un anhelo que involucra no sólo a nuestro ser interior sino también a nuestro cuerpo. Estar con Dios es el corazón y el alma del Cielo. Todos los otros placeres celestiales derivarán de y serán secundarios a su santa presencia. El don más grande de Dios es, y siempre será, *sí mismo*. Su presencia trae satisfacción. Su ausencia trae sed y añoranza.

"Cual ciervo jadeante en busca del agua, así te busca, oh Dios, todo mi ser. Tengo sed de Dios, del Dios de la vida. ¿Cuándo podré presentarme ante Dios?" (Salmo 42:1-2).

"Oh Dios, tú eres mi Dios; yo te busco intensamente. Mi alma tiene sed de ti; todo mi ser te anhela, cual tierra seca, extenuada y sedienta" (Salmo 63:1).

Los teólogos de la antigüedad a menudo hablaban de la "visión beatífica." Este término viene de tres palabras del latín que juntas significan "una visión que hace feliz." La visión de que hablaban era Dios. La mayor aspiración es ver el rostro de Dios. Es triste, entonces, que para la mayoría de nosotros no se encuentra en la parte superior de nuestra lista de deseos.

Cuando Moisés le dijo a Dios: "Déjame verte en todo tu esplendor," Dios le respondió: "Voy a darte pruebas de mi bondad. . . . Pero debo aclararte que no podrás ver mi rostro, porque nadie puede verme y seguir con vida. . . . Cuando yo pase en todo mi esplendor, te pondré en una hendidura de la roca y te cubriré con mi mano, hasta que haya pasado. Luego, retiraré la mano y podrás verme la espalda. Pero mi rostro no lo verás" (Éxodo 33:18-23).

Moisés vio a Dios, pero no vio el rostro de Dios. El Nuevo Testamento dice que Dios "vive en luz inaccesible, a quien nadie ha visto ni puede ver" (1 Timoteo 6:16). Por eso, deberíamos estar asombrados cuando en Apocalipsis 22:4 se nos dice que veremos el rostro de Dios.

"Busquen . . . la santidad, sin la cual nadie verá al Señor" (Hebreos 12:14). Los obstáculos para ver a Dios intimidan. Es sólo porque seremos completamente justos y sin pecado que podremos ver a Dios y vivir. Ver a Dios será nuestro mayor gozo, el gozo por el cual se medirán todos los demás gozos.

David dice: "Una sola cosa le pido al Señor, y es lo único que persigo: habitar en la casa del Señor todos los días de mi vida, para contemplar la hermosura del Señor y recrearme en su templo" (Salmo 27:4). David estaba preocupado por la persona de Dios, y también por el lugar donde estaba Dios. Él anhelaba estar donde estaba Dios y contemplar su hermosura. Ver el rostro de Dios es contemplar su hermosura.

Cuando Jesucristo vino a la Tierra como uno de nosotros (Juan 1:14), Dios, quien es trascendente, se hizo inmanente. Por eso es que uno de los nombres que se le dio a Jesús es Emanuel, "Dios con nosotros" (Mateo 1:23). Debido a que Dios el Padre y Dios el Hijo son uno (Juan 10:30), cada vez que veamos a Jesús en el Cielo, veremos a *Dios*. Puesto que Jesucristo es una manifestación permanente de Dios, le pudo decir a Felipe, uno de sus discípulos: "El que me ha visto a mí, ha visto al Padre" (Juan 14:9). Por cierto, entonces, que una manera principal en que veremos a Dios el Padre en la Nueva Tierra será a través de su Hijo, Jesús.

Jesús también dice: "Dichosos los de corazón limpio, porque ellos verán a Dios" (Mateo 5:8). En Apocalipsis 22:4, cuando dice que "lo verán cara a cara, y llevarán su nombre en la frente," parece estar refiriéndose a ver la cara de Dios el Padre.

Dios, quien no es inherentemente físico, ¿tiene un rostro en algún sentido que no sea figurado? No estoy seguro. Y no pretendo entender cómo veremos su rostro. Pero me gozo en la anticipación de que lo veremos.

La Biblia está llena de grandes promesas de lo que nos espera en el Cielo. Sin embargo, ninguna es más grande que la promesa de que, como seres humanos resucitados, realmente *veremos* a Dios.

Si usted es seguidor de Jesús, ¿qué le gustaría decirle un día a Dios, a quien un día verá?

Padre, llénanos de la maravilla de poder verte cara a cara, caminar al lado de tu Hijo y contemplar su rostro eternamente humano y divino. Qué delicia será verte a ti, la fuente de todo bien, toda belleza y todo misterio. Y qué experiencia incomparable será no sólo imaginarnos, sino un día ver realmente tu rostro —verte a ti, quien formó las galaxias, quien le dio forma a la Tierra y a sus animales, océanos, bosques y flores, quien nos creó a nosotros según tu gloriosa imagen. Que jamás perdamos de vista nuestra meta principal, que es verte a ti. Y que podamos impartir esa visión a los que nos rodean, incluyendo a nuestros hijos y nietos.

DIOS: NUESTRO MAYOR PLACER

Yo sé que mi Redentor vive, y que al final triunfará sobre
la muerte. Y cuando mi piel haya sido destruida, todavía
veré a Dios con mis propios ojos.   — JOB 19:25-26

*Por cierto que los redimidos disfrutarán otras cosas. . . . Pero lo
que disfrutarán en los ángeles, los unos en los otros, o cualquier
otra cosa que sea, lo que les dará gozo y felicidad, será lo que se
vea de Dios en ellos.*[12]   — JONATHAN EDWARDS

L a anticipación de ver a Dios cara a cara es sincera y antigua.
En el libro más antiguo de las Escrituras —probablemente
escrito antes que Moisés escribiera el Génesis— Job, en medio
de una angustia aplastante, clamó en una visión de sorprendente
claridad que su Redentor un día vendría a la Tierra. Y aunque el
cuerpo de Job sería destrozado por la muerte física, él sabía que en
su propia carne vería a Dios. Es difícil imaginarse una referencia
más clara a la resurrección venidera.

¿En qué forma estaremos cuando veamos a Dios? ¿Seremos
espíritus fantasmales que flotan por todos lados? No, seremos
seres humanos resucitados que nos pondremos de pie y nos

arrodillaremos, caminaremos y hablaremos, oraremos y adoraremos, reiremos, comeremos y beberemos *en nuestros nuevos cuerpos.* Como clamó Job: "Y cuando mi piel haya sido destruida, todavía veré a Dios con mis propios ojos."

Cuando Job se imaginó ver a su Redentor con sus propios ojos, eso inundó su afligida alma con un sentido trascendente de victoria y consuelo. Cuando usted anticipa ver a Dios cara a cara, ¿qué imágenes le vienen a la mente? ¿Qué efecto tienen esas imágenes en usted?

¿Será también humano el Cristo que adoraremos en el Cielo como Dios? Sí. De acuerdo a Hebreos 13:8, "Jesucristo es el mismo ayer [cuando vivió en la Tierra] y hoy [cuando vive en el Cielo presente] y por los siglos [cuando vivirá en la Nueva Tierra, en el Cielo eterno]."

Jesús no se puso un cuerpo y luego se lo quitó otra vez como si fuera una chaqueta. No consta de dos componentes separables, hombre y Dios, los cuales pueden ser ahora uno y luego el otro. Él fue y es y siempre será Dios *y* hombre. La encarnación es permanente.

No es preciso que esperemos hasta la Nueva Tierra para captar vistazos de Dios. Se nos dice que sus "cualidades invisibles" se pueden ver "claramente a través de lo que él creó" (Romanos 1:20). Sí, vivimos en medio de la devastación, y sabemos que hay corrupción en nuestro corazón. Sí, nuestra visión está obstaculizada por la maldición que afecta a toda la creación. El Edén ha sido pisoteado, hollado y desacreditado. Pero sin embargo, las estrellas en el firmamento declaran la gloria de Dios (Salmo 19:1); en nuestros propios cuerpos podemos ver la complejidad de la obra de Dios; y en las flores, la lluvia, y en el arte y en la música podemos ver vestigios de la belleza y la creatividad de Dios. Y un día la maldición será revocada. Un día, tanto el universo como nosotros seremos libres para siempre. En aquel día, *veremos a Dios.*

En el Cielo, las barreras entre los seres humanos redimidos y Dios serán quitadas para siempre. Miraremos a Dios a los ojos y veremos lo que siempre hemos anhelado ver: a la persona que nos hizo para su propio placer. Ver a Dios será como ver todo lo demás por primera vez. ¿Por qué? Porque no sólo veremos a Dios, sino que él será la lente a través de la cual veremos todo lo demás —a otras personas, a nosotros mismos y los acontecimientos de nuestra vida terrenal.

Jonathan Edwards dijo: "Por cierto que los redimidos disfrutarán otras cosas. . . . Pero lo que disfrutarán en los ángeles, los unos en los otros, o cualquier otra cosa que sea, lo que les dará gozo y felicidad, será lo que se vea de Dios en ellos."[13]

En el Salmo 73:25, Asaf dice: "¿A quién tengo en el cielo sino a ti? Si estoy contigo, ya nada quiero en la tierra." Esto puede parecer una exageración —¿no hay *nada* en la Tierra que quiera este hombre sino a Dios? Pero lo que afirma Asaf es que el deseo central de nuestro corazón es por Dios. Sí, deseamos muchas otras cosas, pero al desearlas, lo que en realidad deseamos es a *Dios.*

Agustín llamó a Dios "el fin de nuestros deseos." Él oró: "Nos has hecho para ti mismo, oh Señor, y nuestros corazones no hallan descanso hasta que descansan en ti."[14]

Dios es el Manantial, la Fuente de todas las corrientes más pequeñas de nuestro deseo. Cuando deseamos comida, amistades, trabajo, distracciones, música, drama o arte, en esencia estamos *deseando a Dios.*

Considere esta analogía: Cuando usted está enfermo y su amigo le trae una comida, ¿qué es lo que suple su necesidad —la comida o el amigo? *Ambos.* Sin su amigo, no habría comida, pero aun con la comida, usted todavía apreciaría la amistad que los une. Así que su amigo es ambos, su mayor placer *y* la fuente de su placer secundario (la comida). De igual manera, Dios es la fuente de todos los bienes menos importantes, así que cuando nos satisfacen, es Dios mismo quien nos está satisfaciendo.

Tal vez usted esté pensando: *Pero nuestros ojos deben estar en el dador, no en el don,* y por lo tanto, *Deberíamos enfocarnos en Dios, y no en el Cielo.* Pero esta perspectiva separa en forma errónea nuestra experiencia de Dios de la vida, relaciones, y el mundo —los cuales nos da Dios por su gracia para que nos acerquemos más a él. También ve el reino material y a otra gente como competidores de Dios más que como instrumentos que comunican su amor y carácter. Falla en reconocer que debido a que Dios es la fuente suprema de gozo, y todos los gozos secundarios derivan de él, amar los gozos secundarios en esta Tierra *puede ser* —y en el Cielo *siempre será*— amar a Dios, su fuente.

¿Quiere usted pedirle a Dios que lo ayude a aprender a verlo como la fuente de toda cosa buena, y por lo tanto, a quien usted desea más?

Padre, debido a la actual oscuridad que nos rodea, y a las batallas espirituales dentro de nosotros, necesitamos tu ayuda para evitar hacer ídolos de lo que tú nos provees. Ayúdanos a darnos cuenta de que una vez que nos hayas

*librado para siempre del pecado, una vez que vivamos en
tu presencia y veamos tu rostro, nunca más nos tendremos
que preocupar acerca de poner a la gente o a otras cosas
antes de ti. Eso sería inconcebible. Y si estamos pensando
con claridad ahora, ya nos debería ser inconcebible. Así
que, Señor, capacítanos para pensar con claridad. Que
te podamos ver como eres, para que siempre podamos
disfrutar y nunca hacer ídolos de los magníficos deseos
y gozos menos importantes que por tu gracia nos has
concedido. Usa las cosas que nos deleitan para acercarnos
más a ti.*

DISFRUTANDO A DIOS EN LOS PLACERES SECUNDARIOS

El que no escatimó ni a su propio Hijo, sino que lo entregó por todos nosotros, ¿cómo no habrá de darnos generosamente, junto con él, todas las cosas?   — ROMANOS 8:32

Dios mismo, quien es el Autor de la virtud, será nuestra recompensa. Debido a que no hay nada más grande o mejor que Dios, él nos ha prometido a sí mismo. Dios será el fin de todos nuestros deseos, que serán vistos sin fin, amados sin empalagar, y alabados sin cansancio.[15]   — AGUSTÍN

C ree usted que a Dios le agrada cuando disfrutamos una buena comida, un partido de fútbol, reírnos con nuestros amigos, el fuego abrigador de una chimenea, o un buen libro? Su respuesta a esta pregunta no sólo demuestra la forma en que ve a Dios, sino que también indica el grado al cual usted puede disfrutar la vida. Y determinará la medida en que anhelará la resurrección y lo que la Biblia llama la Nueva Tierra.

Las Escrituras dicen: "A los ricos de este mundo, mándales que no sean arrogantes ni pongan su esperanza en las riquezas, que son tan inseguras, sino en Dios, que nos provee de todo en abundancia para que lo disfrutemos" (1 Timoteo 6:17). Dios, y no las riquezas, debería ser el objeto de nuestra fe. Pero Dios también es el que nos concede con abundancia sus provisiones, las cuales tienen el objetivo de que las *disfrutemos.*

El no poder entender la bondad de la creación de Dios ha cegado a muchísimas personas para que no puedan ver al Cielo como un lugar de gran placer y deleite. En cambio, piensan que para que el Cielo sea "espiritual," de alguna forma debe ser monótono, sin atractivo, y sin cosas "terrenales," las cuales consideran no espirituales.

El primer mandamiento de Dios es que no debemos poner ninguna cosa creada antes que él. No deberíamos hacer de lo que él ha creado un sustituto de Dios. Pero algunas veces concluimos erróneamente que las personas, las cosas y los placeres son malos, olvidando que fue Dios mismo quien los hizo.

Dios no está en el Cielo mirándonos con el ceño fruncido y diciendo: "Detente, deberías encontrar gozo sólo en mí." Esto sería tan extraño a la naturaleza de nuestro Padre celestial como sería a mi naturaleza como padre terrenal que yo les diera un regalo de Navidad a mis hijas y luego me quejara porque lo disfrutan demasiado. No, yo les di el regalo para que les trajera gozo a ellas y a mí. A mí *me encanta* cuando disfrutan los regalos que les he hecho. Si no los disfrutaran, me sentiría desilusionado. El placer de ellas por el regalo que les hice las hace acercar más a mí.

Aunque la preocupación con un don dado por Dios puede volverse idolatría, disfrutar ese mismo don con un corazón agradecido puede acercarnos más a Dios. En el Cielo, no tendremos la capacidad de hacer ídolos de las personas o las cosas. Cuando encontremos gozo en los dones de Dios, encontraremos gozo en él. Disfrutar de los dones que Dios nos da nunca debería alejarnos de él; siempre debería acercarnos más a él.

Todos los gozos secundarios son de naturaleza *derivativa*. No pueden ser separados de nuestro gozo primario que es Dios. Las flores son hermosas porque Dios es hermoso. El arco iris es magnífico, porque Dios es magnífico. Los perritos son encantadores porque Dios es encantador. Los deportes producen diversión, porque Dios es quien produce la diversión. Los estudios producen recompensas porque Dios es recompensador. El trabajo produce satisfacción porque Dios es el que satisface.

Es irónico, pero a veces las personas que están más determinadas a evitar el sacrilegio de poner las cosas antes que Dios pierden mil oportunidades diarias de darle gracias, alabarlo y acercarse a más a él porque se imaginan que no deberían disfrutar las cosas que Dios ha hecho para ayudarnos a conocerlo y amarlo.

Dios es un benefactor muy generoso. "El que no escatimó ni a su propio Hijo, sino que lo entregó por todos nosotros, ¿cómo no habrá de darnos generosamente, junto con él, todas las cosas?" (Romanos 8:32). El Dios que nos dio su Hijo se deleita en darnos por su gracia "todas las cosas." Esas "cosas" son además de Cristo, pero nunca son *en lugar* de él, sino que vienen "junto con él." Si no tuviéramos a Cristo, no tendríamos nada. Pero debido a que tenemos a Cristo, tenemos todas las cosas. Por lo tanto, podemos disfrutar de las personas y las cosas que Dios ha hecho, y en el proceso disfrutamos al Dios que las diseñó y proveyó para su propio placer y el de nosotros.

Dios recibe con agrado las oraciones de agradecimiento por nuestros alimentos, el calor de las chimeneas, los juegos, los libros, los pasatiempos, las relaciones sexuales y todas las otras cosas buenas. Cuando fallamos en cuanto a reconocer a Dios como la fuente de todas las cosas buenas, fallamos en darle el reconocimiento y la gloria que merece. Separamos a Dios del gozo, lo cual es como tratar de separar el calor del fuego o la humedad de la lluvia.

La película *Babette's Feast [El Banquete de Babette]* presenta una secta cristiana conservadora que escrupulosamente evita distracciones "mundanas" hasta que Babette prepara una fiesta magnífica y les abre los ojos a la rica provisión de Dios. Cuando las usamos en gratitud sincera a Dios las cosas que tenemos, nos *acercan* a Dios en vez de alejarnos de él. Eso es precisamente lo que todas las cosas y todos los seres harán en el Cielo —acercarnos a Dios.

En nuestras vidas en la Tierra, deberíamos ver a Dios en todos lados en su creación: en la comida que comemos, en las amistades que disfrutamos, y en los placeres de la familia, el trabajo y los pasatiempos. Pero nunca deberíamos dejar que esos placeres secundarios eclipsaran nuestro amor por Dios (y por eso nosotros, de hecho, algunas veces debemos sacrificarlos). Deberíamos darle gracias a Dios por todos los gozos de la vida, grandes y pequeños, y permitir que nos acerquen más a él.

Eso es exactamente lo que haremos en el Cielo. ¿Por qué no comenzar ahora?

Padre, muchos de nosotros hemos perdido de vista el hecho de que tú has creado la Tierra y de que eres el inventor del placer. Creaste nuestros cuerpos con nervios y el sentido del gusto que nos permiten sentir placer. Pero como resultado de la caída, hemos usado mal las provisiones que nos diste por gracia y las hemos vuelto ídolos. Hemos hecho dioses sustitutos de las relaciones sexuales y el dinero, la comida y miles de otras cosas buenas. Señor, sólo cuando entendemos que tú has provisto con generosidad el mundo material para que lo disfrutemos es que podemos aceptar tu plan de reclamar lo que ha sido perdido. Ayúdanos a ver que el placer es espiritual, que viene de tu mano para que lo disfrutemos dentro de los límites de tus mandamientos, los cuales han sido diseñados para evitar nuestra destrucción. Ayúdanos a buscarte a ti como el Placer por excelencia del cual fluyen todos los placeres más pequeños.

CÓMO SABER CON CERTEZA QUE IREMOS AL CIELO

> Nunca entrará en ella [la Nueva Jerusalén, en la Nueva Tierra] nada impuro, ni los idólatras ni los farsantes, sino sólo aquellos que tienen su nombre escrito en el libro de la vida, el libro del Cordero. — APOCALIPSIS 21:27

> *No he conocido a nadie que no crea en absoluto en el infierno y que tenga una creencia fuerte y vivificante del cielo.[16]*
> — C. S. LEWIS

Por cada estadounidense que cree que irá al Infierno, hay 120 que creen que irán al Cielo.[17] Este optimismo se encuentra en contraste con las palabras de Cristo en Mateo 7:13-14: "Entren por la puerta estrecha. Porque es ancha la puerta, y espacioso el camino que conduce a la destrucción, y muchos entran por ella. Pero estrecha es la puerta, y angosto el camino que conduce a la vida, y son pocos los que la encuentran."

Nuestra tendencia es asumir que vamos a ir automáticamente al Cielo, pero pasamos por alto el hecho de que nuestro pecado es suficiente para dejarnos afuera: "Pues todos han pecado y están

privados de la gloria de Dios" (Romanos 3:23). El pecado nos
separa de una relación con Dios (Isaías 59:2). "Son tan puros
tus ojos que no puedes ver el mal; no te es posible contemplar el
sufrimiento" (Habacuc 1:13). Debido a que somos pecadores, no
tenemos derecho a entrar a la presencia de Dios. Debido a que
no podemos entrar al Cielo como somos, el Cielo *no* es nuestro
destino automático. Antes de poder ver a Dios en el Cielo, algo
debe cambiar en forma radical, porque a menos que se resuelva
nuestro problema con el pecado, el único lugar al que iremos es a
nuestro destino automático: el Infierno.

Estoy tratando este asunto ahora porque a través de todo este
libro hablaremos de estar con Jesús, estar reunidos con familiares
y amigos, y disfrutar de grandes aventuras en el Cielo. El peli-
gro mayor es que los lectores *asuman* que se dirigen al Cielo. Si
juzgamos por lo que se dice en los funerales, se pensaría que casi
todo el mundo va al Cielo. Pero en Mateo 7, Jesús dejó claro que
no todo el mundo va al Cielo.

En la Biblia, Jesús dice más acerca del Infierno que cualquier
otra persona (Mateo 10:28; 13:40-42; Marcos 9:43). Se refiere a él
como un lugar literal y lo describe en términos gráficos, incluyendo
un fuego que nunca se apaga y un gusano que no muere. Dice que
a los que no son salvos "se les echará afuera, a la oscuridad, donde
habrá llanto y rechinar de dientes" (Mateo 8:12). En la historia del
hombre rico y Lázaro, Jesús enseñó que los malvados tendrán un
sufrimiento terrible en el Infierno, que estarán plenamente conscientes, que conservarán sus deseos, recuerdos y razonamiento, que
anhelarán alivio, que no pueden ser consolados, que no pueden salir
de su tormento, y que no tienen esperanza (Lucas 16:19-31). Él no
podría haber pintado un cuadro más desolador o gráfico.

Apocalipsis 21:27 dice: "Nunca entrará en ella [la Nueva Jerusalén, en la Nueva Tierra] nada impuro, ni los idólatras ni los farsantes, sino sólo aquellos que tienen su nombre escrito en el libro de la vida, el libro del Cordero."

Mi amiga Ruthanna Metzgar, una cantante profesional, relata una historia que ilustra la importancia de tener nuestros nombres escritos en el libro de la vida. Le pidieron que cantara en la boda de un hombre muy rico. La recepción se celebraría en los dos últimos pisos de la Torre Columbia de la ciudad de Seattle, el rascacielos más alto del noroeste de los Estados Unidos. Ruthanna y su esposo, Roy, estaban muy entusiasmados con la idea de asistir a esa boda.

Al comienzo del banquete, la novia y el novio se acercaron a una hermosa escalera de cristal y latón que llevaba al piso más alto. En forma ceremonial, alguien cortó una cinta de satén que se encontraba atada al pie de la escalera, y la novia y el novio subieron seguidos de los invitados.

En la parte de arriba de la escalera, afuera de la puerta que daba al cuarto del banquete, estaba de pie el jefe de comedor con un libro encuadernado en sus manos.

—¿Me podrían decir sus nombres, por favor?

—Soy Ruthanna Metzgar y él es mi esposo Roy.

El hombre buscó en la letra *M*. —No encuentro su nombre. Por favor, ¿me lo podrían deletrear?

Ruthanna le deletreó su nombre lentamente. Después de buscar en el libro, el jefe de comedor levantó la vista y dijo: —Lo siento, pero su nombre no está aquí.

—Debe haber algún error —respondió Ruthanna—. Yo soy la cantante.

El caballero respondió: —No importa quién es usted o lo que hizo. Sin su nombre en el libro usted no puede entrar al banquete.

El le hizo señas a un camarero y dijo: "Acompaña a estas personas al ascensor de servicio, por favor."

El matrimonio siguió al camarero pasando por el costado de hermosas mesas decoradas, cargadas con mariscos, salmón ahumado, y magníficas esculturas hechas de hielo. En un lado del área del banquete, una orquesta se estaba preparando para tocar, y los músicos estaban todos vestidos con deslumbrantes trajes de gala blancos.

El camarero guió a Ruthanna y a Roy al ascensor de servicio, les indicó que entraran, y empujó el botón *E* para que los llevara al estacionamiento de vehículos.

Después de conducir varias millas en silencio, Roy extendió su mano y la colocó en el brazo de Ruthanna. —Querida, ¿qué sucedió?

—Cuando llegó la invitación, yo estaba muy ocupada —respondió Ruthanna—. No me preocupé por mandar la respuesta de que asistiríamos a la fiesta. Además, yo era la cantante. ¡De seguro que podría asistir a la fiesta sin enviar la nota con la respuesta!

Ruthanna comenzó a llorar, no sólo porque había perdido el banquete más lujoso al que jamás había sido invitada, sino también porque de pronto sintió un pequeño gusto de lo que un día será para las personas que están de pie delante de Cristo y encuentran que sus nombres no están escritos en el libro de la vida del Cordero.[18]

A través de los siglos, innumerables personas han estado demasiado ocupadas para responder a la invitación de Cristo a su banquete de bodas. Muchas asumen que el bien que han hecho —tal vez asistiendo a la iglesia, siendo bautizadas, cantando en el coro, o ayudando a alimentar a los pobres— será suficiente para ganarles la entrada al Cielo. Pero ninguna explicación o excusa va a dar resultado. Todo lo que importará es que nuestros nombres estén escritos en el libro. Si no hemos respondido a la invitación de Dios, se nos dejará afuera.

Que se nos niegue la entrada a las bodas celestiales no significará que se nos manda al ascensor de servicio que lleva al estacionamiento. Significará ser arrojados para siempre al Infierno.

El perdón no es algo automático. Si queremos ser perdonados debemos reconocer nuestros pecados y arrepentirnos de ellos: "Quien encubre su pecado jamás prospera; quien lo confiesa y lo deja, halla perdón" (Proverbios 28:13). El perdón se establece por nuestra confesión: "Si confesamos nuestros pecados, Dios, que es fiel y justo, nos los perdonará y nos limpiará de toda maldad" (1 Juan 1:9). No hay ninguna obra justa que podamos hacer que nos gane un lugar en el Cielo (Tito 3:5). Llegamos a Cristo con las manos vacías. No podemos darnos ningún crédito por la salvación: "Porque por gracia ustedes han sido salvados mediante la fe; esto no procede de ustedes, sino que es el regalo de Dios, no por obras, para que nadie se jacte" (Efesios 2:8-9).

Jesucristo les ofrece a todos los dones del perdón, la salvación y la vida eterna: "El que tenga sed, venga; y el que quiera, tome gratuitamente del agua de la vida" (Apocalipsis 22:17). Dios determinó que preferiría ir al Infierno en nuestro lugar que vivir en el Cielo sin nosotros. Él *no* quiere que nosotros vayamos al Infierno y por eso es que pagó un precio horrible en la cruz para que nosotros no tuviéramos que ir al Infierno.

¿Le ha dicho usted sí a la invitación de Cristo de reunirse con él en la fiesta de bodas y pasar la eternidad con él en su casa? Si lo ha hecho, tiene todas las razones para regocijarse, porque las puertas del Cielo van a estar abiertas para usted. Pero si ha estado dilatando su respuesta, o si asume que puede entrar al Cielo sin responder a la invitación de Cristo, un día lamentará profundamente su decisión o su indecisión.

¿Le ha dicho sí a la invitación de Dios? ¿Puede pensar en un momento mejor que ahora mismo para decir sí?

Dios, oro por todos los lectores que todavía no han reclamado tu don de la salvación a través de Jesús. Mueve sus corazones para que se arrepientan de sus pecados y para que te entreguen sus vidas. Tú sabes los nombres de los que están escritos en tu libro. Trae a las personas para que tengan fe en Jesús, y puedan ser justas en ti por medio de la obra redentora de Cristo para que puedan pasar una eternidad maravillosa contigo en el Cielo. Señor, qué milagro es que nos hayas ofrecido el Cielo a nosotros que merecemos el Infierno. Gracias por ofrecernos tu gracia que te costó tanto a ti para que no nos costara nada a nosotros.

EL CIELO EN LA TIERRA

Después vi un cielo nuevo y una tierra nueva. . . . Oí una potente voz que provenía del trono y decía: "¡Aquí, entre los seres humanos, está la morada de Dios! Él acampará en medio de ellos, y ellos serán su pueblo; Dios mismo estará con ellos y será su Dios." — APOCALIPSIS 21:1, 3

La "nueva Jerusalén". . . no se queda en un "cielo" muy lejos en el espacio, sino que baja a la tierra renovada; allí los redimidos pasarán la eternidad en cuerpos resucitados. Así que el cielo y la tierra, ahora separados, entonces se unirán: la nueva tierra también será el cielo, puesto que Dios morará allí con su pueblo.[19] — ANTHONY HOEKEMA

Cuando hablamos de la próxima Nueva Tierra, mucho de lo que decimos acerca de ella puede *no* aplicarse al Cielo que vamos cuando morimos. Por ejemplo, las Escrituras dejan bien claro que comeremos y beberemos en nuestros cuerpos resucitados en la Nueva Tierra (Isaías 25:6; Mateo 8:11; Lucas 22:18, 29-30; Apocalipsis 19:9). Pero eso no significa que la gente comerá y beberá en el *Cielo presente*, el lugar donde viven ahora los hijos de

Dios que han partido de la Tierra. Recuerde, los que ahora están en el Cielo *todavía no tienen cuerpos resucitados.* (Los teólogos discuten sobre si los santos tienen formas físicas temporales allí, pero por cierto que nuestros cuerpos actuales permanecerán en la tumba hasta la resurrección.) De igual manera, cuando describimos el Cielo presente, no corresponderá necesariamente con lo que el Cielo eterno —la Nueva Tierra— será.

¿Suena confuso esto? Lo comprendo, pero una vez que usted abandona la suposición de que el Cielo no puede cambiar, todo tiene sentido. Piense conmigo. *Dios* no cambia, pero muy claramente Dios dice que el Cielo *sí* cambiará. Por una parte, finalmente será localizado en la Nueva Tierra (Apocalipsis 21:1-2).

Debido a que Dios creó el Cielo, tuvo un comienzo, y por lo tanto no es eterno ni inmutable. Tuvo un *pasado,* el tiempo anterior a la encarnación de Cristo. Tiene un *presente,* el Cielo presente o intermedio, donde van los creyentes cuando mueren. Y tendrá un *futuro,* el Cielo eterno o Nueva Tierra.

El Cielo pasado, el Cielo presente, y el Cielo futuro, los tres pueden llamarse Cielo, porque todos son el lugar de morada de Dios. Sin embargo, *no son sinónimos.* El Cielo presente se encuentra en la esfera angelical, separado en forma precisa de la Tierra. En contraste, el Cielo futuro será en la esfera humana, en la Tierra, en un universo resucitado. Entonces el lugar donde mora Dios también será el lugar de morada de la humanidad: "Vi un cielo nuevo y una tierra nueva. . . . Vi además la ciudad santa, la nueva Jerusalén, que bajaba del cielo, procedente de Dios. . . . Oí una potente voz que provenía del trono y decía: '¡Aquí, entre los seres humanos, está la morada de Dios! Él acampará en medio de ellos, y ellos serán su pueblo; Dios mismo estará con ellos y será su Dios'" (Apocalipsis 21:1-3).

Cuando la Nueva Jerusalén, que *estaba* en el Cielo, baje del Cielo de Dios, ¿a dónde irá? A la Nueva Tierra. Desde ese momento en adelante, el lugar de morada de Dios —el Cielo— será con sus redimidos en la *Tierra*.

Algunos tal vez aleguen que la Nueva Tierra no debería ser llamada Cielo. Pero si por definición el Cielo es el lugar especial de morada de Dios y se nos dice que "la morada de Dios" será con la humanidad en la Tierra, entonces el Cielo y la Nueva Tierra son esencialmente el mismo lugar. Donde sea que Dios more con sus hijos y se siente en su trono es el Cielo. Y se nos dice con claridad que "el trono de Dios y del Cordero" están en la Nueva Jerusalén, que es bajada a la Nueva Tierra (Apocalipsis 21:1-3; 22:1).

Dios, quien es omnipresente, puede morar esencialmente donde quiera. En el lugar en que él elija poner su trono es el Cielo. Él ha revelado que va a trasladar su morada central del lugar que ahora llamamos Cielo a la Nueva Tierra para vivir con su pueblo resucitado. Cuando él coloque su trono real en la Nueva Tierra, transformará a la Nueva Tierra en el Cielo.

Jesús dice de todo aquel que es su discípulo: "Mi Padre lo amará, y haremos nuestra vivienda en él" (Juan 14:23). Este es un cuadro del plan final de Dios: no llevarnos hacia arriba para vivir en un lugar hecho para él, sino venir abajo y vivir con nosotros *en el lugar que hizo para nosotros.* Piense en esto: En el plan original de Dios, él podría haber llevado a Adán y Eva al Cielo a vivir con él, pero no lo hizo. En cambio, él bajó para caminar con ellos en el propio mundo de ellos (Génesis 3:8).

Cuando Jesucristo vino a la Tierra, uno de los nombres que le dieron fue Emanuel, que significa "Dios con nosotros." La encarnación significa que Dios bajó a vivir con nosotros. Y cuando Jesús ascendió al Cielo en su cuerpo resucitado, demostró que la encarnación no era temporal sino permanente. Esto tiene mucha relación con el lugar que Dios puede elegir para que él y nosotros vivamos juntos. La Nueva Tierra será el Cielo encarnado, así como Cristo es Dios encarnado.

Varios libros sobre el Cielo afirman que la Nueva Jerusalén no descenderá a la Tierra sino que permanecerá suspendida arriba de ella, pero Apocalipsis 21:2 no dice eso. Cuando Juan ve a la ciudad "que bajaba del cielo," no hay razón para creer que se detiene antes de llegar a la Tierra. (Si decimos que un avión está bajando del cielo, no asumiríamos que nunca aterrizó, ¿no es verdad?) La suposición de que la Nueva Jerusalén permanece suspendida sobre la Tierra sale de la noción de que el Cielo y la Tierra siempre deben estar separados. Pero las Escrituras indican que estarán unidos. Su incompatibilidad presente se debe a una aberración temporal —la Tierra está bajo el pecado y la maldición. Una vez que se corrija esa aberración, el Cielo y la Tierra serán totalmente compatibles de nuevo (Efesios 1:10).

Los idealistas utópicos que sueñan que la humanidad cree "el Cielo en la Tierra" están destinados a ser desilusionados. Pero aunque están equivocados al pensar que los seres humanos lo pueden lograr, el hecho es que será el Cielo en la Tierra. Ese es el sueño de *Dios*. Es el plan de *Dios*. Y él, no nosotros, lo llevará a cabo.

¿Es la idea de que el Cielo baje a la Tierra un concepto extraño para usted? ¿Qué piensa en cuanto a vivir en una Nueva Tierra que también sea Cielo? ¿Puede imaginarse algo mejor que eso?

Padre, qué verdad tan grande es que Jesús bajó para estar con nosotros en la encarnación. Y qué increíble que no sólo se hizo hombre, sino que por siempre será Dios hombre. Qué gracia tan maravillosa nos impartiste al habitar el espacio y el tiempo como un ser humano. Es difícil imaginar que el eterno Hijo de Dios, el Creador del universo, se hiciera un niño humano, naciera de una mujer galilea del campo, en un pesebre en Belén, rodeado de sangre humana y de animales y paja, envuelto para protegerlo del aire frío de la noche. Qué sorprendente también que prometiste un día bajar a vivir con nosotros otra vez en nuestro hogar, la Nueva Tierra. A millones de años de ahora, Padre, seguramente aún estaremos maravillados de tu glorioso plan.

EL LUGAR ADONDE VAN LOS HIJOS
DE DIOS CUANDO MUEREN

> Hermanos, no queremos que ignoren lo que va a pasar con
> los que ya han muerto, para que no se entristezcan como
> esos otros que no tienen esperanza.
> — 1 Tesalonicenses 4:13

> *Oh, Dios, este es el fin; pero para mí es sólo el comienzo.*
> — Dietrich Bonhoeffer,
> momentos antes de ser colgado por los nazis

Cuando Marco Polo regresó a Italia de la corte de Kublai Kan, describió un mundo que su audiencia nunca había visto, un mundo que no podía ser entendido sin los ojos de la imaginación. No era que China fuera un reino imaginario, sino que era muy diferente a Italia. Sin embargo, como dos lugares en el planeta Tierra habitados por seres humanos, tenían mucho en común. Los puntos de referencia de Italia proporcionaron las bases para entender a China, y las diferencias podían ser explicadas desde allí.[20]

Los escritores de las Escrituras presentan al Cielo de muchas maneras, por ejemplo como un jardín, una ciudad, un país y un reino. Debido a que los jardines, las ciudades, los países y los reinos nos son familiares, nos sirven de puentes mentales para entender el Cielo.

Por lo general, cuando nos referimos al Cielo queremos decir el lugar al que irán los creyentes cuando mueren. Cuando les decimos a nuestros hijos: "Abuela está ahora en el Cielo," nos estamos refiriendo al Cielo presente o intermedio. El término *intermedio* no quiere decir que está a mitad de camino entre el Cielo y el Infierno, en alguna clase de purgatorio o lugar de segunda clase. El Cielo presente es completamente Cielo, completamente en la presencia de Dios, pero es intermedio en el sentido de que es *temporal* —no es nuestro destino final. Aunque es un lugar maravilloso y nos encantará estar allí, no es el lugar para el que fuimos hechos, y no es el lugar en el que viviremos para siempre. Dios ha destinado a sus hijos para que vivan como seres resucitados en una Tierra resucitada.

Así que, aunque el Cielo presente es maravilloso, no debemos perder la visión de nuestro destino certero, la Nueva Tierra, que también será en la presencia de Dios (porque eso es lo que es el Cielo, el lugar central de morada de Dios).

¿Vivirán los creyentes en el Cielo para siempre? La respuesta depende de lo que queremos decir por *Cielo*. ¿Estaremos *con el Señor* para siempre? Claro que sí. ¿Estaremos con él en el lugar exacto en que el Cielo se encuentra *ahora*? No.

En el Cielo presente, todos están en la presencia de Cristo, y todos están gozosos. Pero también todos anhelan el retorno de Cristo a la Tierra, cuando experimentarán la resurrección y caminarán de nuevo en la Tierra.

Puede parecer extraño decir que el Cielo al que vamos cuando morimos no es eterno, pero es cierto. "Los creyentes a menudo hablan de vivir con Dios 'en el cielo' para siempre," escribe Wayne Grudem, "pero en realidad la enseñanza bíblica es mucho más profunda que eso: nos dice que habrá nuevos cielos y una nueva tierra —una creación completamente nueva— y viviremos con Dios allí. . . . También habrá una nueva clase de unificación de cielo y tierra. . . . Habrá una unión del cielo y la tierra en esta nueva creación."[21]

Permítame usar una analogía para ilustrar la diferencia entre el Cielo presente y el Cielo eterno. Suponga que usted vive en un refugio para personas sin hogar en Miami. Un día, hereda una hermosa casa en Santa Bárbara, California, completamente amueblada, en el costado de una colina con vista al océano. Con la casa le llega un trabajo fantástico, algo que usted siempre quiso hacer. No sólo eso, sino que también estaría cerca de miembros íntimos de su familia, los que se mudaron allí desde Miami hace muchos años.

En su vuelo a Santa Bárbara, cambia de avión en Denver, donde va a pasar una tarde. Algunos miembros de su familia, a quienes no ha visto por años, se encontrarán con usted en el aeropuerto de Denver y subirán a bordo del avión para ir con usted a Santa Bárbara, donde han heredado sus propias hermosas casas en otra parte de la misma enorme finca. Por supuesto que usted está ansioso por verlos. Bien, cuando el agente de pasajes en Miami le pregunta: "¿Adónde va?" ¿le respondería usted "A Denver"? No, usted le diría "A Santa Bárbara," porque ese es su destino final. Si mencionara Denver, sólo diría: "Voy a Santa Bárbara *y paso* por Denver."

Cuando les habla a sus amigos en Miami sobre dónde va a ir a vivir, ¿enfocaría la conversación en Denver? No. Tal vez ni siquiera mencione Denver, porque sólo va a vivir en Denver unas horas. Aun si saliera del aeropuerto y pasara un día o una semana en Denver, todavía no sería su enfoque. Denver es sólo una parada intermedia a lo largo del camino. Su destino verdadero —su nuevo hogar permanente— es Santa Bárbara.

De manera similar, el Cielo al que iremos cuando muramos, el Cielo presente, es un lugar de morada temporal. Es un lugar muy lindo y maravilloso (¡mucho mejor que el aeropuerto de Denver!), pero todavía es una parada en el camino hacia nuestro destino final: la Nueva Tierra. Será maravilloso ver a amigos y familiares en el Cielo presente, a quienes no hemos visto por un tiempo. Pero ellos, al igual que nosotros, estarán anhelando la resurrección, después de la cual, en efecto, viviremos en el lugar que Dios está preparando para nosotros.

Otra analogía es más precisa pero más difícil de imaginar, porque para la mayoría se encuentra fuera de su experiencia. Imagínese que deja el refugio para personas sin hogar en Miami y que vuela al destino intermedio, Denver, y luego se da vuelta y *regresa* a su ciudad de origen, la cual ha sido completamente remodelada —un Miami nuevo. En este Nuevo Miami, usted ya no va a vivir en un refugio para personas sin hogar, sino en una casa hermosa en una ciudad sin contaminación ambiental, sin crimen y sin pecado. Así que usted no estaría viviendo en un hogar nuevo, sino en *una versión de su antigua casa completamente mejorada.*

Esto es lo que la Biblia nos promete —que viviremos con Cristo y los unos con los otros para siempre, no en el Cielo presente, sino en la Nueva Tierra, que Dios convertirá en Cielo por poner allí su trono y su presencia, y donde Dios estará para siempre en casa con sus hijos.

La idea de que el Cielo presente es un Cielo intermedio tal vez sea o no un concepto completamente nuevo para usted, ¿pero tiene sentido? (Siga leyendo; creo que le encontrará sentido.)

Padre, gracias porque cuando tus hijos mueren, pasan a la plenitud de tu presencia. Cuando estamos contigo estamos en nuestro hogar. Gracias porque también has prometido llevarnos un día de vuelta para vivir en una Tierra Nueva gloriosa. Así que anhelamos no sólo el Cielo presente sino también el Nuevo Cielo y la Nueva Tierra. Gracias, querido Señor, por el gozo que has infundido en nuestro corazón con el pensamiento de que viviremos para siempre contigo, la persona para la cual fuimos creados, en el Cielo, el lugar que has hecho para nosotros.

¿ES UN LUGAR FÍSICO EL CIELO PRESENTE?

Veo el cielo abierto, y al Hijo del hombre de pie a la derecha de Dios.

— Hechos 7:56

Dentro de poco van a leer en el periódico que he muerto. No lo crean ni por un instante. Estaré más vivo que nunca antes. . . . La Tierra se desvanece. . . . ¡El cielo se abre ante mí![22]

— D. L. Moody, en su lecho de muerte

Cuando morimos, nuestros cuerpos van a la tierra, mientras que nuestros espíritus dejan este mundo y van a otro. "Volverá entonces el polvo a la tierra, como antes fue, y el espíritu volverá a Dios, que es quien lo dio" (Eclesiastés 12:7).

Cuando sale del cuerpo, el espíritu humano va al Cielo o al Infierno. Jesús describió a Lázaro y al hombre rico como conscientes en el Cielo y el Infierno inmediatamente después que murieron (Lucas 16:19-31). Varios pasajes dejan claro que no hay tal cosa como un "sueño del alma," o un largo período de inconsciencia entre la vida en la Tierra y la vida en el Cielo. Jesús le dijo al ladrón que moría en la cruz: "Hoy estarás conmigo en el paraíso"

(Lucas 23:43). El apóstol Pablo dijo que morir era estar con Cristo (Filipenses 1:23), y que estar ausente del cuerpo era estar presente con el Señor (2 Corintios 5:8). Después de su muerte, los mártires son descritos en el Cielo, clamando a Dios para traer justicia a la Tierra (Apocalipsis 6:9-11).

La frase *los que duermen* (en 1 Tesalonicenses 4:13, rv60, y pasajes similares) es un eufemismo para la muerte que describe la apariencia exterior del cuerpo. La partida del espíritu del cuerpo termina nuestra existencia en la Tierra. Nuestra parte física "duerme" hasta la resurrección, mientras que nuestra parte espiritual se traslada a una existencia consciente en el Cielo (Daniel 12:2-3; 2 Corintios 5:8). Todas las referencias en Apocalipsis a seres humanos que hablan y adoran en el Cielo antes de la resurrección de los muertos demuestran que nuestros seres espirituales están conscientes, no durmiendo, después de la muerte.

El Cielo presente generalmente es invisible para los que viven en la Tierra. Pero esto no significa que no es un lugar físico. Y aun si no es físico, eso no quiere decir que no es real. La Biblia enseña que algunas veces a los seres humanos se les permite ver el Cielo. Cuando estaban apedreando a Esteban por causa de su fe en Cristo, "fijó la mirada en el cielo y vio la gloria de Dios, y a Jesús de pie a la derecha de Dios. '¡Veo el cielo abierto,' exclamó, 'y al Hijo del Hombre de pie a la derecha de Dios!'" (Hechos 7:55-56). Las Escrituras nos dicen que Esteban no lo soñó, sino que realmente lo *vio*. Dios no creó una visión para hacer que el Cielo *pareciera* físico, sino que permitió que Esteban viera el Cielo presente, que *era* (y es) físico.

El profeta Eliseo le pidió a Dios que le diera a su siervo Guiezi una vislumbre del reino invisible. "Eliseo oró: 'SEÑOR, ábrele los

ojos a Guiezi para que vea.' El Señor así lo hizo, y el criado vio
que la colina estaba llena de caballos y de carros de fuego alrededor
de Eliseo" (2 Reyes 6:17). Se podría argumentar que esos caballos y carros (con guerreros angelicales) existen al lado nuestro en
nuestro universo, pero que normalmente no los vemos. O pueden
estar en un universo al lado del nuestro que se abre en el nuestro
para que los seres angelicales —y los caballos, aparentemente— se
puedan mover entre los universos.

El texto deja claro que Esteban y Guiezi vieron cosas que eran
realmente físicas. Esto apoya el punto de vista de que el Cielo es
un reino físico. *Físico* y *espiritual* no son ni opuestos ni contra-
dictorios. El apóstol Pablo se refiere al cuerpo resucitado como
un "cuerpo espiritual" (1 Corintios 15:44). Dios es espíritu, y los
ángeles son seres espirituales, y ambos pueden —y lo harán en la
Nueva Tierra— vivir en un ambiente físico.

Si un ciego recobrara la vista momentáneamente y viera un
árbol real y lo describiera, otros ciegos —especialmente si vivieran
en un mundo donde todos son ciegos— podrían asumir automáticamente que el árbol no es literal. Podrían pensar que la descripción del árbol es un simple símbolo de alguna realidad espiritual,
pero estarían equivocados. De la misma forma, no deberíamos
asumir que la Biblia describe al Cielo de maneras físicas sólo para
complacernos.

Las descripciones bíblicas del Cielo presente dan la impresión
de que es un reino físico, por lo menos en algún sentido. Pero ya
sea físico o no, el Cielo presente por cierto que es *real*. Es un lugar
al que vamos, un lugar en el cual estaremos con Dios y sus hijos,
un lugar sin pecado y sin sufrimiento.

¿No es eso algo que anhelar todos los días de su vida?

⚜ *Señor, tú nos has creado para que seamos personas que desean un lugar. Gracias porque cuando muramos iremos a nuestro hogar para estar contigo. Gracias porque hay un lugar real que nos está esperando. Gracias porque la sangre de Jesús provee los medios para nuestra entrada, y porque muchos de tus hijos ya han ido allí antes que nosotros. Te alabamos por las maravillas de tu amor, el cual no merecemos, pero que recibimos con alegría y gratitud.*

EL PARAÍSO: EL CIELO PRESENTE

"Te aseguro que hoy estarás conmigo en el paraíso,"
le contestó Jesús. — LUCAS 23:43

*Recibamos el día que nos asigna a cada uno a su propio hogar,
que nos quita de este lugar y nos libera de los lazos de este
mundo, y nos restaura al paraíso y al reino. Cualquiera que
haya estado en tierras extranjeras anhela regresar a su propia
tierra natal. . . . Nosotros miramos al paraíso como nuestra
tierra natal.[23]* — CIPRIANO

Mientras colgaba de la cruz en agonía, Jesús le aseguró al
ladrón que le rogó que se acordara de él: "Hoy estarás
conmigo en el paraíso" (Lucas 23:43). Jesús se estaba refiriendo
el Cielo presente, donde él y el ladrón irían después que murieran. ¿Pero por qué lo llamó *paraíso*? ¿En qué sentido es el Cielo
presente paraíso?

La palabra *paraíso* viene de la palabra persa *pairidaeza*, que significa "un parque con paredes" o "un jardín cercado." Se usaba para
describir los grandes jardines cercados de los palacios reales del
rey persa Ciro. En la traducción griega del Antiguo Testamento,

la palabra se usa para describir el jardín del Edén (Génesis 2:8; Ezequiel 28:13). Más tarde, debido a la costumbre judía de que Dios restauraría el Edén, *paraíso* llegó a ser la palabra que describía el estado eterno de los justos, y a un grado un poco menor, el Cielo presente.[24]

Paraíso no quiere decir naturaleza salvaje, sino naturaleza bajo el dominio de la humanidad. El jardín o parque no fue dejado para que creciera sin cuidado alguno. La gente aportaba su creatividad cuidando, cultivando y preservando el jardín o parque. Según Alister McGrath, quien es profesor de la Universidad de Oxford: "La idea de un jardín con paredes, encerrando un área cuidadosamente cuidada de plantas exquisitas y animales, era el símbolo más poderoso del paraíso que podía tener la imaginación humana, mezclando las imágenes de la belleza de la naturaleza con el orden de la construcción humana. . . . La historia total de la humanidad por lo tanto se encuentra revelada en la sutil interacción de un paraíso perdido, y la esperanza de su restauración final."[25]

Históricamente, por lo general no se entendía el paraíso como una simple alegoría con un "significado espiritual," sino como un lugar real físico donde Dios y sus hijos vivían juntos, rodeados de belleza física, disfrutando de grandes placeres y felicidad.

Dios dice: "Al que salga vencedor le daré derecho a comer del árbol de la vida, que está en el paraíso de Dios" (Apocalipsis 2:7). El mismo árbol físico que estaba en el jardín del Edén un día estará en la Nueva Jerusalén en la Nueva Tierra (Apocalipsis 22:2). Por el momento, está (en tiempo presente) en el Cielo presente. ¿No deberíamos asumir que tiene las mismas propiedades físicas que tenía en el jardín del Edén y que tendrá en la Nueva Jerusalén?

Si no fuera así, ¿podría ser llamado debidamente el árbol de la vida?

Después de la caída, Dios "echó, pues, fuera al hombre, y puso al oriente del huerto de Edén querubines, y una espada encendida que se revolvía por todos lados, para guardar el camino del árbol de la vida" (Génesis 3:24, RV60). Parece que el paraíso del Edén, con el árbol de la vida, retuvo su identidad como un lugar físico, pero ya no era accesible a la humanidad. Era guardado por los querubines, quienes son residentes del Cielo, donde Dios está "entronizado sobre los querubines" (2 Reyes 19:15).

El Edén no fue destruido. Lo que fue destruida fue la habilidad de la humanidad de vivir en el Edén. No hay indicación de que al Edén se le quitara su estado físico y fuera transformado en una entidad espiritual. Parece haber permanecido tal como era, un paraíso físico llevado a una esfera a la cual no tenemos acceso, lo más probable el Cielo presente, porque sabemos con certeza que allí es donde está ahora el árbol de la vida (Apocalipsis 2:7).

Dios no ha terminado con el Edén. Él lo preservó, no como si fuera una pieza en un museo, sino como un lugar que un día ocupará la humanidad de nuevo, y que a cierto grado puede ocuparlo ahora en el Cielo presente. Debido a que se nos dice que el árbol de la vida será localizado en la Nueva Jerusalén a ambos lados del gran río (Apocalipsis 22:2), parece posible que el Edén original sea un gran parque en el centro de una ciudad. Si el árbol que distinguió al Edén va a estar allí, ¿por qué no el mismo Edén? Esto encajaría perfectamente con la declaración en Apocalipsis 2:7 que dice que el árbol de la vida está en la actualidad en el paraíso.

Cuando el resto de la Tierra cayó bajo el pecado del hombre, por alguna razón el Edén fue tratado en forma diferente. Tal vez había venido del Cielo, el lugar de morada de Dios, y fue transplantado a la Tierra. No lo sabemos, pero sí sabemos esto: Antes de la caída, Dios iba al Edén a visitar a Adán y a Eva (Génesis 3:8). Después de la caída, Adán y Eva fueron expulsados del jardín, así que Dios ya no los podía visitar allí. Ya sea que el Edén haya sido creado junto con el resto de la Tierra o no, es claro que para Dios era especial, y permanece especial para él. La presencia del árbol de la vida en la Nueva Jerusalén establece que elementos del Edén de nuevo serán parte de la experiencia humana. La presencia del árbol de la vida en el Cielo presente sugiere que también el Cielo tiene propiedades físicas y es capaz de contener objetos físicos. Así que la noción del paraíso, que era tan física y visible en el Edén, no está restringida a una presencia "espiritual" o "invisible" en el Cielo.

Recuerdo la primera vez que fui a bucear con tubo de respiración. Vi muchísimos peces de todas las formas, tamaños y colores. Y justo cuando pensé que había visto el pez más hermoso, venía otro que era aún más bello. Grabado en mi imaginación hay un sonido peculiar —el sonido de un resuello que subió por mi tubo de goma mientras mis ojos eran abiertos a ese asombroso mundo submarino.

Me imagino que nuestra primera vislumbre del Cielo, en forma similar, causará que suspiremos en asombro y deleite. El primer resuello muy posiblemente sea seguido por muchos otros mientras en forma continua vemos nuevas vistas de ese maravillo lugar infinito. Y eso será sólo el comienzo, porque no veremos nuestro hogar eterno real —la Nueva Tierra— sino hasta después de nuestra resurrección.

¿No le suena el paraíso como algo bueno ahora mismo?

Padre, tú has hecho del Edén un verdadero paraíso, rebosando de colores y resonancia. Cuando la gente llama "paraíso" a Tahití, a Hawai, o a Las Bahamas, están reconociendo la verdadera belleza que has creado, pero es belleza que se ha desvanecido bajo los estragos de la maldición. ¿Cómo será ver belleza verdadera y sin estragos? ¿Cómo será estar en tu presencia y contemplar las maravillosas obras de arte que has creado? Si el arte humano y la música nos han conmovido tanto, ¿cuánto más seremos conmovidos por tu creación directa del arte y de la música? Si un universo que está bajo la maldición nos ha maravillado tanto, ¿cuánto más maravillados estaremos por un universo que no ha sido tocado por el pecado, el sufrimiento, la muerte, la corrupción y las enfermedades? Casi no podemos esperar, Señor. Llénanos de anticipación todos los días. Usa la anticipación que hay dentro de nuestro corazón para ayudarnos a poder vivir de una manera que te traiga placer a ti, quien eres la fuente de todo placer y deleite.

VIENDO LA TIERRA DESDE EL CIELO

> Les digo que . . . en el cielo: habrá más alegría por un solo
> pecador que se arrepienta, que por noventa y nueve justos
> que no necesitan arrepentirse. — LUCAS 15:7

> *Queremos algo más que casi no podemos expresar con palabras*
> *—estar unidos con la belleza que vemos, pasarla a otros,*
> *recibirla nosotros mismos, bañarnos en ella, llegar a ser parte*
> *de ella.*[26] — C. S. LEWIS

Puesto que los mártires en el Cielo saben que Dios todavía no ha traído juicio sobre los que los persiguieron (Apocalipsis 6:9-11), parece evidente que los habitantes del Cielo presente pueden ver lo que está pasando en la Tierra, por lo menos hasta cierto punto. En Apocalipsis 18:20, cuando cae Babilonia, un ángel señala los eventos que están sucediendo en la Tierra y dice: "¡Alégrate, oh cielo, por lo que le ha sucedido! ¡Alégrense también ustedes, santos, apóstoles y profetas!, porque Dios, al juzgarla, les ha hecho justicia a ustedes" (Apocalipsis 18:20). El hecho de que el ángel se dirige específicamente a la gente que vive en el Cielo indica que están conscientes de lo que está sucediendo en la Tierra.

Además, hay "un tremendo bullicio, como el de una inmensa multitud que exclamaba: '¡Aleluya!'" y alababa a Dios por acontecimientos específicos de juicio que acaban de tener lugar en la Tierra (Apocalipsis 19:1-5). De nuevo, los santos en el Cielo están claramente observando lo que sucede en la Tierra.

Debido a que los santos en el Cielo retornan con Cristo para establecer su reino del Milenio (Apocalipsis 19:11-14), es difícil imaginarse que hubieran permanecido ignorantes de la culminación de la historia humana. La representación de los santos en el Cielo felices en su inconsciencia de lo que está aconteciendo en la Tierra parece inconcebible. Después de todo, Dios y sus ángeles (y los santos mismos) están a punto de regresar para la batalla final de la historia del universo, después de la cual Cristo será coronado Rey. Los que están en la Tierra pueden no saber lo que sucede en el Cielo, pero los que están en el Cielo *no* ignoran lo que pasa en la Tierra.

Cuando el rey Saúl en forma inapropiada le pidió a la adivina de Endor que llamara a Samuel para que viniera del más allá, la médium se aterrorizó cuando Dios en realidad envió a Samuel. Pero Samuel recordó lo que Saúl había hecho antes de la muerte de Samuel, y estaba consciente de lo que había sucedido desde su muerte (1 Samuel 28:3-8, 16-19). Aunque Dios le podía haber informado a Samuel todo esto, parece probable que el profeta supiera estas cosas simplemente porque los que están en el Cielo están conscientes de lo que sucede en la Tierra.

Cuando Moisés y Elías fueron llamados desde el Cielo para la transfiguración en la Tierra, "tenían un aspecto glorioso, y hablaban de la partida de Jesús, que él estaba por llevar a cabo en Jerusalén" (Lucas 9:31). Moisés y Elías parecían completamente conscientes del drama al que habían entrado, de lo que estaba ocurriendo en ese momento en la Tierra, y del plan redentor de Dios que estaba a punto de ser llevado a cabo.

Hebreos 12:1 nos dice que "corramos con perseverancia la carrera que tenemos por delante," creando la figura mental de las competencias griegas, las cuales presenciaban multitudes de fascinados admiradores sentados en lo alto de los antiguos estadios. La "multitud tan grande de testigos" se refiere a los santos que han partido antes que nosotros, cuyos logros en el campo de juego de la vida son ahora parte de nuestra significativa historia. El lenguaje figurado parece sugerir que esos santos, los "atletas" espirituales de antaño, ahora nos están observando a nosotros y vitoreándonos desde el gran estadio del Cielo que mira hacia abajo al campo de juego de la Tierra. (Se dice que estamos "rodeados" de testigos, no simplemente que nos han precedido.)

En el Cielo, Cristo observa todos los detalles de lo que sucede en la Tierra, especialmente en la vida del pueblo de Dios (Apocalipsis 2–3). Si la atención del Dios soberano es en la Tierra, *¿por qué la atención de sus súbditos en el Cielo no debería estar enfocada aquí también?* Cuando una gran guerra está ocurriendo, ¿están las personas del país en que se desarrolla ignorantes o no conscientes de ella? Cuando se está presentando un drama importante, aquellos que conocen al escritor, al productor y al elenco, y quienes tienen un interés muy grande en cómo va a terminar, ¿se abstienen de mirarlo?

Los ángeles vieron a Cristo en la Tierra (1 Timoteo 3:16). Hay indicaciones claras de que los ángeles saben lo que está sucediendo en la Tierra (1 Corintios 4:9; 1 Timoteo 5:21). ¿Y si los ángeles, por qué no los santos? Por cierto que los hijos de Dios en el Cielo tendrían tanto interés en los eventos espirituales que están sucediendo en la Tierra como los ángeles. ¿No esperaríamos que el cuerpo y la esposa de Cristo en el Cielo estuvieran intensamente interesados en el resto del cuerpo que todavía vive en la Tierra?

Cristo dijo: "Hay gozo delante de los ángeles de Dios por un pecador que se arrepiente" (Lucas 15:10, RV60). Fíjese que no dice que los que se regocijan *son* los ángeles, sino *con sus ángeles,* es decir, *en la presencia* de los ángeles. ¿Quiénes son los que se están regocijando en el Cielo? Creo que por lógica no sólo incluye a Dios sino también a los santos en el Cielo, quienes apreciarían muy profundamente la maravilla de la conversión humana, especialmente la conversión de aquellos que conocían y amaban en la Tierra.

Si la gente en el cielo se regocija de las conversiones que suceden en la Tierra, entonces obviamente *deben de estar conscientes de lo que está sucediendo en la Tierra* —y no sólo en forma general sino específicamente, hasta los detalles de los individuos que ponen su fe en Cristo.

Muchos asumen que la gente en el Cielo no debe estar consciente de nada en la Tierra o no podrían ser felices. Pero las personas en el Cielo no son seres frágiles cuyo gozo sólo puede ser preservado protegiéndolos de lo que en realidad está sucediendo en el universo.

La felicidad en el Cielo no se basa en la ignorancia sino en la perspectiva. Los que están en la presencia de Cristo compartirán la perspectiva de Dios. Dios está lleno de gozo a pesar de saber lo que está sucediendo en la Tierra, y a pesar de su desagrado de ciertas cosas en la Tierra. Con seguridad que la felicidad de Dios es la disposición de ánimo que prevalece en el Cielo. No debemos asumir que la felicidad en el Cielo se basa en no saber lo que ocurre en la Tierra.

¿Conoce a alguien que está ahora en el Cielo y que pudiera estar interesado en si usted está siguiendo a Cristo? Al igual que se regocijaron por su conversión, ¿cree usted que pueden estar celebrando su crecimiento espiritual y obediencia?

Padre, gracias por la evidencia de que la gente en el Cielo está consciente de los acontecimientos en la Tierra y nos están vitoreando, regocijándose en tu obra de transformación espiritual. Gracias, también, porque tienen tu perspectiva, y por lo tanto, nada puede empañar su felicidad en ti. Estamos agradecidos porque ellos también anhelan la liberación final en la Tierra del pecado, el sufrimiento y la maldición. Gracias porque Jesús hizo la obra que nos asegura la liberación completa del Infierno que merecemos para ir al Cielo que no merecemos. Te alabamos por comprar nuestra redención, ¡a un precio tan alto!

¿RECUERDAN Y ORAN LOS HABITANTES DEL CIELO?

Pero Abraham le contestó: Hijo, recuerda que durante tu vida te fue muy bien, mientras que a Lázaro le fue muy mal; pero ahora a él el toca recibir consuelo aquí, y a ti, sufrir terriblemente. — LUCAS 16:25

Su alma tiene una forma singular porque es un hueco hecho para encajar en un lugar particular de la forma infinita de la sustancia divina, o una llave para abrir una de las puertas en la casa con muchas moradas.[27] — C. S. LEWIS

En el Cielo, aquellos que soportaron cosas malas en la Tierra recibirán consuelo (Lucas 16:25). Este consuelo implica recuerdo de lo que sucedió. Si no recordáramos las cosas malas, ¿por qué habría necesidad, o cuál sería la naturaleza, de ese consuelo?

Después de la muerte, rendiremos cuenta de nuestras vidas, hasta de acciones y palabras específicas (Mateo 12:36; 2 Corintios 5:10). Dado que tendremos mentes mejores y manera de pensar más clara, nuestra memoria debería ser más aguda —y no menos— en lo referente a nuestras vida terrenales. ¿Cómo podríamos rendir cuentas de lo que no recordamos? Debido a que deberemos dar cuenta de más de lo que recordamos actualmente, presumiblemente nuestra memoria va a ser mucho mejor.

La doctrina de las recompensas eternas provee luz sobre la memoria de los habitantes del Cielo en cuanto a sus vidas en la Tierra. En 1 Corintios 3:12-15 podemos ver que nuestras recompensas dependen de hechos específicos de fidelidad hechos aquí que sobreviven el juicio de Dios de los creyentes y son llevados al Cielo con nosotros. Nuestras obras justas no serán olvidadas sino que nos seguirán al Cielo (Apocalipsis 14:13). Las posiciones de autoridad y los tesoros que se nos concedan en el Cielo nos recordarán perpetuamente de nuestras vidas aquí, porque Dios nos concederá esas recompensas por lo que hacemos en la Tierra (Mateo 6:19-21; Lucas 12:33; 19:17, 19; 1 Timoteo 6:19; Apocalipsis 2:26-28).

Dios guarda un registro en el Cielo de lo que hace la gente en la Tierra, tanto de los inconversos como de los creyentes. Ese registro va a durar más que nuestra vida en la Tierra (2 Corintios 5:10). Para los que ahora están en el Cielo esos registros de la vida en la Tierra todavía existen. Malaquías 3:16 dice que hay "un libro de memorias" que aun ahora está siendo escrito en el Cielo referente a los que viven en la Tierra.

Es claro que el Cielo es un lugar donde recordaremos, no donde olvidemos.

La memoria es un elemento básico de la personalidad. Si en verdad vamos a ser *nosotros mismos* en el Cielo, debe haber continuidad de la memoria desde la Tierra al Cielo. No vamos a ser personas diferentes, sino las mismas personas maravillosamente trasladadas y transformadas. El Cielo nos limpiará, pero no revisará ni extinguirá nuestros orígenes o historia. Sin duda recordaremos las obras de gracia de Dios en nuestras vidas que nos consolaron, nos sostuvieron y nos capacitaron para vivir para él.

¿Y qué diremos de la pregunta de si los que están en el Cielo oran por nosotros en la Tierra?

Si la gente en el Cielo recuerda su vida en la Tierra y se le permite ver por lo menos algo de lo que pasa, entonces parecería extraño que ellos *no* intercedieran en oración por nosotros. Sabemos por lo menos de un hombre que murió y que ha ido al Cielo, y que está orando por nosotros ahora, porque Romanos 8:34 nos dice que Jesús está a la derecha de Dios, intercediendo por los suyos. Si Jesús ora en el Cielo, ¿por qué no orarían también otras personas en el Cielo?

Los mártires en el Cielo también le oran a Dios (Apocalipsis 6:10), pidiéndole que tome acción específica en la Tierra. Están orando por la justicia de Dios, lo cual tiene implicaciones intercesoras para los creyentes que ahora sufren aquí. El sentido de conexión y de lealtad al cuerpo de Cristo —y preocupación por los santos en la Tierra— probablemente sería aumentado, y no disminuido, por estar en el Cielo (Efesios 3:15). De todas formas, Apocalipsis 6 deja claro que algunos que han muerto y ahora están en el Cielo están orando por lo que está sucediendo aquí ahora.

Si la oración es simplemente hablar con Dios, presumiblemente oraremos más en el cielo, y no menos, de lo que oramos ahora. Y dado nuestro estado de justos en el Cielo, nuestras oraciones serán más eficaces que nunca (Santiago 5:16). Apocalipsis 5:8 habla de "las oraciones del pueblo de Dios," de sus santos, en un contexto que puede incluir a los santos en el Cielo. Por supuesto que hay "un solo mediador entre Dios y los hombres, Jesucristo hombre" (1 Timoteo 2:5). Nunca se nos dice que oremos *por* los santos (en el Cielo), o *a* los santos, o *a través* de los santos, sino sólo a Dios, a través de su Hijo. Pero aunque nosotros no debemos orarles a los santos, los santos podrían estar orando por nosotros.

Las preguntas acerca de nuestros seres queridos recordándonos o posiblemente orando por nosotros tienen sus raíces en nuestro deseo de estar seguros de que nuestras relaciones con ellos continúan aunque no los podamos ver. Pero de eso podemos estar seguros. Aunque naturalmente sufrimos por la muerte de nuestros seres queridos, sabemos que si son creyentes, un día nos reuniremos con ellos. Como escribe el apóstol Pablo: "Hermanos, no queremos que ignoren lo que va a pasar con los que ya han muerto, para que no se entristezcan como esos otros que no tienen esperanza. ¿Acaso no creemos que Jesús murió y resucitó? Así también Dios resucitará con Jesús a los que han muerto en unión con él" (1 Tesalonicenses 4:13-14). Su partida no es el fin de nuestra relación con ellos; es sólo una interrupción. No los hemos "perdido," porque sabemos dónde están. Están experimentando el gozo de la presencia de Cristo en un lugar tan maravilloso que Cristo lo llamó paraíso.

¿Ha "perdido" seres queridos que están en el Cielo? ¿Le alienta saber dónde están y saber que un día usted estará con ellos de nuevo, en la presencia de Jesús y, finalmente, en la Nueva Tierra?

Padre, haz que el corazón de tus hijos se regocije de que un día estaremos contigo y con Jesús, nuestro Salvador. También te alabamos porque vamos a estar reunidos con nuestros amigos y familiares que te conocen y han partido a tu presencia antes que nosotros. Gracias porque nos recuerdan, como nosotros los recordamos a ellos. Hasta que los veamos de nuevo, consuélanos con el conocimiento de que aun ahora no estamos desconectados de ellos. No los hemos perdido, y ellos no nos han perdido a nosotros, porque sabemos dónde están y ellos saben dónde estamos nosotros. Esperamos con ansias ir a nuestro hogar, y también esperamos la gran reunión.

EL PLAN DE DIOS DE REDIMIR LA TIERRA

Presten atención, que estoy por crear un cielo nuevo y una
tierra nueva. — Isaías 65:17

*Es notable que prácticamente todas las palabras básicas en la
Biblia que describen la salvación implican un retorno a un
estado o situación originalmente bueno.... El sentido de la
redención es liberar al prisionero de la esclavitud, darle de
nuevo la libertad que él o ella una vez disfrutaron.*[28]
— Albert Wolters

Todo el universo físico fue creado para la gloria de Dios.
Cuando nos rebelamos, el universo cayó bajo el peso de
nuestro pecado. Sin embargo, Dios no nos abandonó. Cuando la
serpiente sedujo a Adán y Eva, no tomó de sorpresa a Dios. Él
tenía preparado un plan por el cual redimiría a la humanidad —y
a toda la creación— del pecado, la corrupción y la muerte. De la
misma manera en que promete hacer nuevos a los hombres y las
mujeres, promete renovar a la misma tierra.

"'Porque así como perdurarán en mi presencia el cielo nuevo y la tierra nueva que yo haré, así también perdurarán el nombre y los descendientes de ustedes,' afirma el Señor" (Isaías 66:22).

"Pero, según su promesa, esperamos un cielo nuevo y una tierra nueva, en los que habite la justicia" (2 Pedro 3:13).

"Después vi un cielo nuevo y una tierra nueva, porque el primer cielo y la primera tierra habían dejado de existir" (Apocalipsis 21:1).

Muchos otros pasajes aluden a los nuevos cielos y a la Nueva Tierra sin usar esos términos. El plan redentor de Dios culmina no en el retorno de Cristo, ni en el reino del Milenio, sino en la Nueva Tierra. Sólo entonces todos los males serán arreglados. Sólo entonces no habrá más muerte, llanto o dolor (Apocalipsis 21:1-4).

Considere esto: Si el plan de Dios fuera simplemente llevar a la humanidad al actual Cielo presente, o a un Cielo que fue el lugar de morada de los seres espirituales, no habría necesidad de nuevos cielos y una Nueva Tierra. ¿Por qué rehacer las estrellas y los cielos y los continentes de la Tierra? Dios podría simplemente destruir su creación original y dejarla fuera de consideración. Pero él no lo hace. Cuando creó los cielos y la tierra consideró que "era muy bueno" (Génesis 1:31). Ni una vez él ha renunciado a su derecho a lo que ha hecho.

Dios no va a abandonar a su creación. La va a restaurar. La destrucción de la Tierra no va a ser permanente sino temporal. Al igual que nuestros cuerpos destruidos van a ser resucitados en nuevos cuerpos, la Tierra destruida será resucitada como una Nueva Tierra. No vamos a ir al Cielo y dejar atrás a la Tierra. En cambio, Dios va a traer al Cielo y a la Tierra a la misma dimensión, sin pared de separación, sin ángeles armados para custodiar la perfección del Cielo para que no la toque la humanidad pecaminosa (Génesis 3:24). El plan perfecto de Dios es "reunir todas las cosas en Cristo, en la dispensación del cumplimiento de los tiempos, así las que están en los cielos, como las que están en la tierra" (Efesios 1:10, RV60).

Dios nunca ha renunciado a su creación original. Y, sin embargo, nos las hemos arreglado para dejar de lado un vocabulario bíblico completo que aclara este punto.

Reconciliar. Redimir. Restaurar. Recobrar. Regresar. Renovar. Regenerar. Resucitar. Cada una de estas palabras bíblicas comienza con el prefijo *re,* sugiriendo un retorno a una condición original que fue arruinada o perdida. Por ejemplo, *redención* significa comprar de vuelta lo que había sido propiedad de la persona. De manera similar, *reconciliación* quiere decir la restauración o el restablecimiento de una amistad o unidad anterior. *Renovación* significa hacer algo nuevo otra vez, restaurándolo a su estado original. *Resurrección* quiere decir volverse físicamente vivo de nuevo después de la muerte.

Estas palabras enfatizan que Dios siempre nos ve a la luz de lo que quiso que nosotros fuésemos y siempre busca *restaurarnos* a ese diseño. De igual manera, él ve a la tierra en términos de lo que quiso que fuera y busca restaurarla a su diseño original.

En su excelente libro titulado *La Creación Recuperada,* Albert Wolters, escribe: "[Dios] se aferra a su creación original caída y la rescata. Rehúsa abandonar el trabajo de sus manos —de hecho, sacrifica a su propio Hijo para salvar su proyecto original. A la humanidad, que ha arruinado su mandato original y toda la creación junto a dicho mandato, se le da otra oportunidad en Cristo; somos reinstituidos como los administradores de Dios en la tierra. La creación original buena ha de ser restaurada."[29]

Si Dios hubiera querido mandar al Infierno a Adán y a Eva y comenzar de nuevo, lo podría haber hecho. Pero no lo hizo. En cambio, eligió redimir aquello con lo que había comenzado —los cielos, la Tierra y la humanidad— y traerlos de vuelta a su propósito original. Dios es el artista rescatador por excelencia. Le encanta restaurar las cosas a su condición original —y hacerlas aún mejores.

La frase del himno: "Hallelujah, What a Savior! [¡Aleluya! ¡Jesús Salva!]" que dice: "vino a reclamar a pecadores arruinados,"[30] refleja el propósito de Dios en nuestra salvación. *Reclamar* es otra palabra que comienza con el prefijo *re*. Reconoce que Dios tiene un derecho previo sobre la humanidad que fue perdido temporalmente pero que ha sido completamente restaurado y es llevado a un nivel nuevo en Cristo. "Del Señor es la tierra y todo cuanto hay en ella, el mundo y cuantos lo habitan" (Salmo 24:1). Dios nunca ha entregado su título de propiedad de la tierra. A él le pertenece, y no la va a entregar a sus enemigos. De hecho, las Escrituras dicen: "El Hijo de Dios fue enviado precisamente para destruir las obras del diablo" (1 Juan 3:8).

Fíjese que no dice que Cristo vino a destruir al *mundo* (que es *su* mundo), sino que vino a destruir las *obras* del diablo, que son torcer, pervertir y arruinar el mundo que Dios hizo. La redención destruirá para siempre la obra del diablo al remover su dominio en la creación y al revocar las consecuencias. Lejos de destruir al mundo, el plan de Dios es *evitar que sea destruido* por Satanás. El plan de Dios es quitar la destrucción que ya ha sido causada en él. Su plan es redimir al mundo. Dios colocó a la humanidad en el mundo para que lo llenara, lo gobernara y lo desarrollara para la gloria de Dios. Pero ese plan nunca ha sido cumplido. ¿Deberíamos por lo tanto concluir que el plan de Dios fue mal concebido, arruinado o abandonado? No. Estas conclusiones no encajan con el carácter de un Dios omnisciente, sabio y soberano. Segunda de Pedro 3 *no* enseña que Dios destruirá la Tierra y que luego no tendrá más uso para ella. En cambio, promete que Dios renovará el Cielo *y* la Tierra.

Dios no es un inventor frustrado cuya creación fracasó. Él tiene un plan maestro, y *no* va a dejar que nosotros *o* la Tierra seamos arrojados a una pila de basura.

Esto me hace querer darle gracias ahora mismo. ¿Usted también quiere darle gracias?

Dios, expande nuestra visión de tu grandeza para que apreciemos la grandeza de tu obra redentora. Gracias porque no nos has abandonado al Infierno, sino que nos amaste lo suficiente como para derramar tu sangre divina para rescatarnos a nosotros y a nuestro planeta. Gracias porque tenemos un futuro, y porque la Tierra —de la cual nos formaste, y sobre la cual nos hiciste señorear— también tiene un futuro. Ayúdanos para anticipar ese futuro hoy, y que nuestra anticipación afecte las decisiones que tomamos. Te pedimos estas cosas en el maravilloso nombre de nuestro Redentor, Jesús, el Señor de la Tierra.

LA NUEVA TIERRA: ¿ES UNA TIERRA REAL?

Vendré para llevármelos conmigo. Así ustedes estarán donde yo esté.

— JUAN 14:3

Todas las cosas van a ser glorificadas, aun la naturaleza misma. Y a mí me parece que esa es la enseñanza bíblica del estado eterno: que lo que llamamos cielo es la vida en este mundo perfecto como fue la intención de Dios de que viviera la humanidad. En el principio, cuando él puso a Adán en el paraíso, Adán cayó y todos cayeron con él, pero los hombres y las mujeres fueron hechos para vivir en el cuerpo, y vivirán en un cuerpo glorificado en un mundo glorificado, y Dios estará con ellos. [31]

— MARTYN LLOYD-JONES

Muchas personas no pueden resistir espiritualizar lo que la Biblia enseña acerca del Cielo. De acuerdo a un teólogo evangélico: "Aunque el cielo es ambos un lugar y un estado, es principalmente un estado." [32] ¿Pero qué quiere decir esto? Otro teólogo escribe: "Pablo no piensa en el cielo como un lugar, sino que piensa en términos de la presencia de Dios."[33] Pero cuando una persona está "presente," ¿no sugiere eso que hay un lugar?

Un libro pone la palabra *lugar* entre comillas cada vez que la usa para describir el Cielo o el Infierno. Dice que el paraíso es "más una condición espiritual que un ámbito del espacio."[34] Pero Jesús no dijo que el Cielo era "principalmente un estado" o una "condición espiritual." Él habló de una *casa* con muchas *moradas* en la cual él prepararía un *lugar* para nosotros (Juan 14:2, RV60). En Apocalipsis 21–22, la Nueva Tierra y la Nueva Jerusalén son descritas como lugares reales, con descripciones físicas detalladas, incluyendo piedras preciosas duras y pesadas. ¡Estas descripciones no podrían ser más tangibles!

Jesús les dijo a sus discípulos: "Vendré para llevármelos conmigo. Así ustedes estarán donde yo esté" (Juan 14:3). Él usa términos comunes, terrenales, que indican espacio para describir el Cielo. La palabra *donde* se refiere a un lugar, a una localidad. De igual modo, la frase *vendré para llevármelos* indica movimiento y un destino final.

Si el Cielo no es un lugar, ¿hubiera dicho Jesús que lo era? Si reducimos al Cielo a algo menos de lo que es, despojamos de significado a las palabras de Jesús.

Algunas veces los creyentes han exagerado la noción de que somos extranjeros en este mundo. Por ejemplo, el famoso antiguo canto gospel que dice: "El mundo no es mi hogar, sólo paso por aquí," expresa una media verdad. Sí, debemos pasar de la Tierra a través de la muerte al Cielo presente, pero finalmente regresaremos a vivir en una Tierra restaurada. Somos peregrinos en esta vida, no porque nuestro hogar *nunca* será en la Tierra, sino porque nuestro hogar final no es en la Tierra presente (la cual está bajo la maldición). Pero al igual que la Tierra fue una vez el hogar diseñado para nosotros (antes que entrara el pecado), un día de nuevo será nuestro hogar (después que se haya quitado el pecado y la maldición sea revocada).

Debido a que la Tierra ha sido dañada por nuestro pecado (Génesis 3:17), nunca hemos conocido un mundo sin corrupción, sufrimiento y muerte. Sin embargo, anhelamos tal vida y tal mundo. Cuando vemos una catarata y escuchamos el estruendo que produce el agua, cuando vemos hermosas flores, un animal salvaje en su entorno natural, o el gozo en los ojos de nuestras mascotas cuando nos ven, sentimos que este mundo es —o por lo menos *se creó para que fuera*— nuestro hogar.

¿Retornará el Edén que anhelamos? ¿Será ocupado por cosas familiares, tangibles, tendrá características físicas y personas totalmente corpóreas? La Biblia responde con claridad que *sí*.

Si queremos saber cómo será el Cielo final, nuestro hogar eterno, *el mejor lugar para comenzar es mirar alrededor de nosotros*. La Tierra presente es tanto un punto de referencia válido para imaginarnos la Nueva Tierra, como nuestros cuerpos presentes son un punto de referencia válido para imaginarnos nuestros nuevos cuerpos. Pero, ¿podemos mirar la Tierra a nuestro alrededor e imaginar lo que sería no estar perjudicados por la enfermedad y la muerte? ¿Podemos imaginarnos la belleza natural que no esté contaminada por la destrucción? Por supuesto. Personas de todas las creencias se han imaginado un mundo así y lo han representado en su arte, literatura y música.

La idea de una Nueva Tierra como un lugar físico no es una invención de la imaginación humana a la que le falta perspicacia. En realidad, refleja los planes de un Dios trascendente quien hizo seres humanos físicos para que vivieran en una Tierra física, y un Dios inmanente quien eligió convertirse en hombre en esa misma Tierra. Lo hizo para poder redimir a la humanidad *y* a la Tierra. ¿Por qué? Para glorificarse a sí mismo y disfrutar para siempre de la compañía de los hombres y las mujeres en el mundo que ha hecho para nosotros.

Para tener una cosmovisión cristiana del mundo debemos tener un sentido de nuestro pasado, presente y futuro, y cómo se relacionan entre sí. Si no entendemos el plan original de Dios para la humanidad y la Tierra, no podemos entender su plan futuro.

En los dos primeros capítulos de la Biblia, Dios planta un jardín en la Tierra; en los dos últimos capítulos de la Biblia, él baja a la Nueva Jerusalén, con un jardín en su centro, a la Nueva Tierra. En el Edén no hay pecado, muerte ni maldición; en la Nueva Tierra *no hay más* pecado, muerte ni maldición. En Génesis, el Redentor es prometido; en Apocalipsis, el Redentor retorna. Génesis relata la historia del paraíso perdido; Apocalipsis relata la historia del paraíso recuperado. En Génesis, se malogra la mayordomía de la humanidad; en Apocalipsis, triunfa la mayordomía de la humanidad, capacitada por el humano y divino Rey Jesús.

Estos paralelos son demasiado notables para ser otra cosa que deliberados. Estas imágenes reflejas demuestran la perfecta simetría del plan de Dios. Nosotros vivimos en el tiempo entremedio, escuchando los ecos del Edén y las pisadas que se aproximan de la Nueva Tierra.

Paul Marshall concluye: "Este mundo es nuestro hogar: fuimos hechos para vivir aquí. Ha sido devastado por el pecado, pero Dios planea arreglarlo. Por lo tanto, esperamos con gozo los cuerpos nuevos restaurados, y vivir en un cielo y tierra recientemente restaurados. Podemos amar este mundo porque es de Dios, y será sanado, llegando a ser finalmente lo que Dios quiso que fuera desde el principio."[35]

¿Le suena cierto que su hogar no es en la Tierra en su condición presente, sino en la Tierra como será un día?

Padre, ayúdanos a ser cuidadosos para no confundir nuestra relación con la Tierra. Este es el hogar que has hecho para nosotros, y lo redimirás y lo reharás en la Nueva Tierra, donde viviremos para siempre. Gracias, Señor, porque la Tierra es importante. Gracias porque nuestros cuerpos son importantes. Gracias porque los animales, los árboles y los ríos son importantes, y la materia es importante. Abre nuestros ojos al hecho de que has creado todas las cosas y que tu intención fue que manifestaran tu gloria. Gracias de nuevo porque no has abandonado tu creación como tampoco nos has abandonado a nosotros.

LA PRÓXIMA "RENOVACIÓN DE TODAS LAS COSAS"

En la renovación de todas las cosas, cuando el Hijo del hombre se siente en su trono glorioso, ustedes que me han seguido se sentarán también en doce tronos para gobernar a las doce tribus de Israel.
— MATEO 19:28

En el mundo futuro veremos las formas materiales de los nuevos cielos y la nueva tierra de tal manera que vamos a reconocer a Dios presente en todos lados, de forma muy evidente, y gobernando todas las cosas, las materiales como también las espirituales. [36]
— AGUSTÍN

Pedro predicó que Cristo debe permanecer "en el cielo hasta que llegue el tiempo de la restauración de todas las cosas, como Dios lo ha anunciado desde hace siglos por medio de sus santos profetas" (Hechos 3:21).

¿Qué será restaurado? *Todas las cosas.* (¡Eso es tan amplio e inclusivo como puede ser!)

¿Qué sucederá con todas las cosas? Serán restauradas, vueltas a su condición original. El hombre será restaurado a lo que fue una vez, a lo que Dios diseñó para que fuera —un ser humano justo y encarnado. El universo —el resto de *todas las cosas*— será restaurado a lo que fue una vez. ¿Se lo puede imaginar?

¿Dónde se realizará la restauración? Pedro nos dice que la respuesta se encuentra en las promesas dadas por Dios "hace siglos por medio de sus santos profetas." Lea los profetas y la respuesta se hace clara: Dios va a restaurar todas las cosas *en la Tierra*. Los profetas nunca hablaron de algún reino lejano de espíritus incorpóreos. Siempre estaban preocupados por el territorio, la herencia, la ciudad de Jerusalén, y la tierra sobre la cual caminaron. Ese era su mundo, no algún lugar fantasmal en otro mundo que nunca habían visto. Creían correctamente que el Mesías vendría del Cielo a la Tierra. ¿Por qué? No para llevarnos de la Tierra al Cielo, sino para restaurar la Tierra a lo que Dios quiso que fuera para que él pueda vivir con nosotros para siempre.

Cuando la profetisa Ana vio al niño Jesús, de inmediato se aproximó a María y a José y "dio gracias a Dios y comenzó a hablar del niño a todos los que esperaban la redención de Jerusalén" (Lucas 2:38).

Fíjese en las palabras exactas de Lucas. ¿Qué era lo que esperaban los hijos de Dios? La *redención*. ¿Su propia redención? Por supuesto. Pero era mucho más que eso. Era la redención no sólo de ellos mismos, sino también de sus familias, su comunidad, y específicamente de *su ciudad*, Jerusalén. La redención de Jerusalén implica la redención de toda la nación. Puesto que a todo el mundo se le prometió bendición a través de Abraham, la redención de Jerusalén e Israel hablan de la redención de la Tierra misma. Esto es porque las Escrituras hablan de ambas, la Nueva Jerusalén y la Nueva Tierra.

¿Quién traería esa redención? Jesús, el Mesías, quien sería Rey no sólo de los individuos redimidos, sino también de una Jerusalén redimida y una Tierra redimida. Este es el evangelio del reino de Dios; cualquier cosa menos es una perspectiva estrecha del plan redentor de Dios. (Es triste, pero muchos creyentes evangélicos creen en un concepto estrecho de la salvación, limitado a que Dios salva las almas individuales humanas, sin cuerpos, sin la Tierra y sin el resto de la creación de Dios.)

Debemos permitir que las Escrituras corrijan nuestra teología equivocada. ¿Tendrá fin la Tierra como la conocemos? Sí. ¿Será un fin *eterno*? No.

Apocalipsis 21:1 (RV60) dice que la primera Tierra pasó. Cuando la gente pasa de esta vida, tampoco deja de existir. Así que, tanto como *nosotros* seremos resucitados y seremos nuevas personas, la *Tierra* será resucitada en una Nueva Tierra.

Cuando Pedro habló de que todas las cosas serán restauradas, se refirió al testimonio de los profetas, pero también lo había escuchado *directamente de Cristo*. Cuando Pedro le señaló a Jesús que los discípulos habían dejado todo para seguirlo, Jesús le respondió: "En la renovación de todas las cosas, cuando el Hijo del hombre se siente en su trono glorioso, ustedes que me han seguido se sentarán también en doce tronos para gobernar a las doce tribus de Israel" (Mateo 19:28).

Fíjese que Jesús no dijo "después de la *destrucción* de todas las cosas," o "después del *abandono* de todas las cosas," sino "en la *renovación* de todas las cosas." Este no es un punto semántico pequeño, sino que dibuja una línea en la arena entre dos cosmovisiones fundamentalmente diferentes. Jesús dijo explícitamente que "todas las cosas" serían "renovadas."

La palabra *paligenesia*, traducida "renovación" en Mateo 19:28, viene de dos palabras que juntas significan "nuevo génesis" o "volver de la muerte a la vida." Cuando Jesús dijo que todas las cosas serían renovadas, los discípulos habrían entendido que se refería a todas las cosas en la *Tierra*, que era el único lugar que conocían.

Si, debido a la caída, Dios hubiera abandonado su propósito original para la humanidad de llenar la tierra y gobernarla (Génesis 1:28), seguramente no le hubiera repetido el mismo mandamiento a Noé después del diluvio: "Sean fecundos, multiplíquense y llenen la tierra" (Génesis 9:1). Mientras la Tierra todavía esté bajo el pecado y la maldición, la gente será incapaz de ejercitar la mayordomía apropiada de la Tierra. Sin embargo, esa es todavía la intención de Dios. Él no ha cambiado sus planes.

El propósito declarado de Dios para nosotros es que gobernemos la Tierra para siempre como sus hijos y herederos. La misión de Cristo fue —y es— redimir lo que había sido perdido en la caída y destruir a todos los que compiten por el dominio, la autoridad y el poder de Dios. Cuando todo sea puesto debajo de sus pies y los hombres gobiernen la Tierra como reyes bajo Cristo, el Rey de reyes, por fin todo será como Dios quiere que sea. La era de rebelión habrá terminado para siempre. Por fin, el pueblo de Dios y el mismo universo redimido participarán en el gozo del Maestro.

Cuando usted enfrenta los desafíos hoy, ¿cómo lo hace sentir esto?

Padre, esperamos con ansias el día cuando tu voluntad sea hecha en la Tierra como se hace en el Cielo. Nunca hemos visto el mundo como lo hiciste en el principio. Pero cuando lo rehagas, veremos y entenderemos lo que es un mundo lleno de rectitud, justicia, amor y gracia, y ese mundo será nuestro hogar. Ayúdanos a no aferrarnos a la Tierra como es hoy, bajo la maldición. Ayúdanos a anhelar la Tierra como tú tuviste la intención de que fuera y como será un día. Mientras tanto, danos el poder para vivir como embajadores de Cristo, como ciudadanos de una patria celestial. Que las personas que nos rodean, al ver cómo viven los ciudadanos de esa patria, se sientan atraídos a un camino mejor, que te agrade a ti y los satisfaga a ellos.

UNA VISIÓN DE LA NUEVA TIERRA

Tus puertas estarán siempre abiertas, ni de día ni de noche
se cerrarán; a ti serán traídas las riquezas de las naciones;
ante ti desfilarán sus derrotados reyes. . . . haré de ti el
orgullo eterno y la alegría de todas las generaciones.

— Isaías 60:11, 15

*Una y otra vez las Escrituras dejan esto bien claro: el poder
político que ha estado tan corrompido y torcido en las manos y
los corazones de los gobernantes pecaminosos debe ser devuelto
a la fuente legítima.*[37]   — Richard Mouw

Isaías 60 es un cuadro magnífico de la vida en la Nueva Tierra.
Aunque algo parece referirse al reino del Milenio —contiene
algunas cosas que no son consecuentes con la vida en la Nueva
Tierra— mucho prevé un reino eterno terrenal, que sólo se podría
referir a la Nueva Tierra.

Aunque Isaías 60 no contiene el término *Nueva Tierra* (como
lo hacen Isaías 65 y 66), podemos estar seguros de que Isaías tenía
en mente a la Nueva Tierra, porque Juan usa el lenguaje preciso
de Isaías 60 en su descripción de la Nueva Tierra en Apocalipsis

21–22. Por lo tanto, Isaías 60 sirve como un comentario bíblico para el cuadro que pinta Juan de la Nueva Tierra. No está, en su totalidad, restringido al reino del Milenio.

Al comienzo del notable mensaje profético de Isaías, Dios le dice a su pueblo en Jerusalén: "La aurora del Señor brillará sobre ti; ¡sobre ti se manifestará su gloria! Las naciones serán guiadas por tu luz, y los reyes, por tu amanecer esplendoroso" (vv. 2-3). El pueblo de Dios va a tener un glorioso futuro en el cual las naciones y los reyes de la Tierra participarán, y se beneficiarán de una renovada y gloriosa Jerusalén. No será sólo algunas naciones, sino todas ellas: "Todos se reúnen y acuden a ti" (v. 4).

Éste será un tiempo de gozo nunca visto: "Verás esto y te pondrás radiante de alegría; vibrará tu corazón y se henchirá de gozo" (v. 5). En la Tierra renovada, las naciones traerán sus tesoros más grandes a esta ciudad glorificada: "Te traerán los tesoros del mar, y te llegarán las riquezas de las naciones" (v. 5).

En la Nueva Tierra habrá animales de varias naciones: "Te llenarás con caravanas de camellos, con dromedarios de Madián y de Efa" (v. 6). Las personas redimidas viajarán de lugares lejanos a la Jerusalén glorificada: "Vendrán todos los de Sabá, cargando oro e incienso y proclamando las alabanzas del Señor" (v. 6).

La gente que vive en islas adorará a Dios, y barcos vendrán desde "Tarsis trayendo de lejos a tus hijos, y con ellos su oro y su plata, para la honra del Señor tu Dios, el Santo de Israel, porque él te ha llenado de gloria" (v. 9).

La mayoría de nosotros no está acostumbrado a pensar en naciones, gobernantes y cultura en el Cielo, pero Isaías 60 es uno de los muchos pasajes que demuestran que la Nueva Tierra en realidad va a ser *terrenal.*

En el versículo 11, Isaías habla palabras que Juan (en Apocalipsis 21:25-26) más tarde aplica directamente a la Nueva Jerusalén: "Tus puertas estarán siempre abiertas, ni de día ni de noche se cerrarán; a ti serán traídas las riquezas de las naciones; ante ti desfilarán sus derrotados reyes."

La opulencia de las naciones será recibida con agrado en la gran ciudad del Rey: "Te llegará la gloria del Líbano, con el ciprés, el olmo y el abeto" (v. 13). Los corazones de las naciones se transformarán en cuanto a sus actitudes hacia Dios, su pueblo y su ciudad. "Ante ti vendrán a inclinarse los hijos de tus opresores; todos los que te desprecian se postrarán a tus pies, y te llamarán 'Ciudad del Señor'" (v. 14).

Dios le promete a la Nueva Jerusalén: "Haré de ti el orgullo eterno y la alegría de todas las generaciones" (v. 15). Este no es un período temporal de prosperidad fugaz sino una condición *eterna.* No será limitado a un tiempo sino que será para "todas las generaciones."

Dios promete algo que todavía nunca ha sido verdad de la Jerusalén terrenal: "Haré que la paz te gobierne, y que la justicia te rija. Ya no se sabrá de violencia en tu tierra, ni de ruina y destrucción en tus fronteras, sino que llamarás a tus muros 'Salvación,' y a tus puertas 'Alabanza'" (vv. 17-18).

Isaías nos dice entonces: "Ya no será el sol tu luz durante el día, ni con su resplandor te alumbrará la luna, porque el Señor será tu luz eterna; tu Dios será tu gloria. Tu sol no volverá a ponerse, ni menguará tu luna; será el Señor tu luz eterna, y llegarán a su fin tus días de duelo" (vv. 19-20). En Apocalipsis 21:23 y 22:5, Juan usa muchas de las mismas expresiones, conectando la profecía de Isaías directamente con la Nueva Tierra.

Se nos dice de la Nueva Jerusalén que "nunca entrará en ella nada impuro, ni los idólatras ni los farsantes, sino sólo aquellos que tienen su nombre escrito en el libro de la vida, el libro del Cordero" (Apocalipsis 21:27). Isaías nos dice lo mismo, inclusive usando un lenguaje que no se podría aplicar a la primera Tierra bajo la maldición: "Entonces todo tu pueblo será justo y poseerá la tierra para siempre" (Isaías 60:21). La tierra será de ellos, no por una década o un siglo glorioso o un milenio, sino para siempre.[38]

No hay razón para creer que las descripciones de la Nueva Tierra en Isaías serán cumplidas menos literalmente que las profecías acerca del Mesías en Isaías 52–53. Debido a que las palabras de Isaías acerca de la primera venida del Mesías fueron tan meticulosamente cumplidas, aun en cuanto a detalles físicos específicos, ¿no deberíamos asumir que sus profecías en los capítulos siguientes referentes a la vida en la Nueva Tierra serán asimismo cumplidas literalmente?

El reinado del Milenio de Cristo puede anticipar el cumplimiento de las promesas de Dios acerca del futuro de Jerusalén. Pero veremos el cumplimiento final de estas promesas sólo en la Nueva Jerusalén en la Nueva Tierra, cuando la maldición ya no exista, no haya más muerte, y el pueblo de Dios esté viviendo en la tierra para siempre.

"Dios es nuestro amparo y nuestra fortaleza, nuestra ayuda segura en momentos de angustia. Por eso, no temeremos aunque se desmorone la tierra y las montañas se hundan en el fondo del mar; aunque rujan y se encrespen sus aguas, y ante su furia retiemblen los montes" (Salmo 46:1-3).

Aun si usted se siente como que está en aguas turbulentas, ¿puede ver con los ojos de la mente la ribera de una Nueva Tierra que nunca se desmoronará?

Padre, tus promesas para nuestra vida en este mundo son sorprendentemente maravillosas. Ayúdanos a no espiritualizarlas y pensar que pertenecen sólo a otro mundo distante y fundamentalmente diferente del nuestro. Anhelamos vivir en la Tierra como tú tuviste la intención de que fuera, en cuerpos que han sido librados para siempre del sufrimiento, en una cultura llena de rectitud. Anhelamos vivir de acuerdo a tu plan, realizando trabajo que produce satisfacción, recompensa y deleite. Anhelamos el gozo de aprender, de descubrir y de aventuras llenas de sorpresas. Gracias por la promesa de la Nueva Tierra. Gracias porque tú eres nuestro gozo por excelencia, y porque acercarnos más a ti será el punto culminante de cada aventura. Pero no queremos esperar hasta morir para conocerte mejor y para verte con más claridad. Ayúdanos a hacer esto ahora, hoy mismo.

LA GLORIA DE DIOS
EN LA TIERRA DE DIOS

No harán ningún daño ni estrago en todo mi monte
santo, porque rebosará la tierra con el conocimiento del
Señor como rebosa el mar con las aguas. En aquel día se
alzará la raíz de Isaí como estandarte de los pueblos; hacia
él correrán las naciones, y glorioso será el lugar donde
repose.   — ISAÍAS 11:9-10

*El cielo, como el hogar eterno del Hombre divino y de todos
los miembros redimidos de la raza humana, necesariamente
debe ser completamente humano en su estructura, condiciones y
actividades.*[39]   — A. A. HODGE

E n referencia a una Tierra bajo maldición, Dios dice: "Mi
gloria ... llena toda la tierra" (Números 14:21). Pero el
universo experimentará un despliegue aún mayor de la gloria
de Dios, uno que involucrará a los hombres y a las mujeres y a
las naciones redimidas en una Tierra redimida. Es en la Tierra
que Dios promete que "se revelará la gloria del Señor, y la verá
toda la humanidad" (Isaías 40:5). Que Dios será glorificado en

la Tierra es central a innumerables profecías bíblicas, incluyendo las siguientes:

"Muy cercano está para salvar a los que le temen, para establecer su gloria en nuestra tierra" (Salmo 85:9).

"Vi que la gloria del Dios de Israel venía del oriente . . . y la tierra se llenó de su gloria" (Ezequiel 43:2).

En ambos pasajes, la palabra que se usa es *erets,* que quiere decir "tierra." Ezequiel vio la gloria de Dios en las puertas de Jerusalén, manifestada no en alguna forma de reino inmaterial sino en la Tierra.

Muchos pasajes también prometen que la gloria de Dios será manifestada a todas las naciones en la Tierra, particularmente en la Nueva Jerusalén:

"Las naciones temerán el nombre de Jehová, y todos los reyes de la tierra tu gloria; por cuanto Jehová habrá edificado a Sion, y en su gloria será visto" (Salmo 102:15-16, rv60).

"'Anunciarán mi gloria entre las naciones. Y a todos los hermanos que ustedes tienen entre las naciones los traerán a mi monte santo en Jerusalén, como una ofrenda al Señor; los traerán en caballos, en carros de combate y en literas, y en mulas y en camellos,' dice el Señor" (Isaías 66:19-20).

El reino de Dios y su dominio no son acerca de lo que sucede en algún lugar remoto, etéreo; en cambio, son acerca de lo que pasa en la Tierra, la cual Dios creó para su gloria. Dios ha unido su gloria a la Tierra y a todo lo que se relaciona con ella: los seres humanos, los animales, los árboles, los ríos, *todas las cosas.*

Ambos, Isaías y Juan, usando lenguaje similar declaran que en la Nueva Tierra "los reyes de la tierra le entregarán sus espléndidas riquezas" a la Nueva Jerusalén, y que "llevarán a ella . . . el honor de las naciones" (Apocalipsis 21:24, 26; compare con Isaías 60:3, 5).

En su excelente interpretación de Isaías y Apocalipsis en *When the Kings Come Marching In [Cuando Vengan los Reyes],* Richard Mouw señala que los mismos barcos de Tarsis y los árboles del Líbano mencionados en Isaías 60 se consideran en otros lugares como objetos de orgullo humano que Dios promete hacer desaparecer (Isaías 2:12-13, 16-18).

Isaías habla de un día de juicio en el cual "los hombres se meterán en las cuevas de las rocas, y en las grietas del suelo, ante el terror del Señor y el esplendor de su majestad, cuando él se levante para hacer temblar la tierra" (2:19). Este lenguaje es muy evocador de la descripción de Dios de los tiempos finales del juicio, en los que los hombres trataron de esconderse "en las cuevas y entre las peñas de las montañas" (Apocalipsis 6:15).

En Isaías 10:34, el profeta nos dice que Dios "derriba con un hacha la espesura del bosque, y el esplendor del Líbano se viene abajo." Debido a que la gente pone su orgullo y esperanza en "sus" bosques y barcos, Dios demostrará su superioridad trayendo abajo los bosques y hundiendo los barcos.

Bien, si los árboles del Líbano y los barcos de Tarsis son destacados como que van a ser destruidos en el futuro juicio de Dios, ¿cómo pueden ellos, como indica Isaías 60, aparecer de nuevo en la ciudad santa como instrumentos de servicio para el Señor?

Este es un ejemplo de una paradoja escritural en la que la Biblia enseña simultáneamente acerca de ambas, la destrucción y la renovación. Algunas cosas que ahora se usan para propósitos de orgullo y aun propósitos idólatras serán usadas para la gloria de Dios cuando los corazones de los seres humanos sean transformados y la creación misma sea renovada. No hay nada de malo inherente en los barcos, la madera, el oro o los camellos. Lo que Dios va a destruir en su juicio es el *mal uso* idólatra de esas cosas buenas. Luego, habiendo destruido nuestras perversiones de sus buenos dones, en su re-creación de la Tierra él restaurará estas cosas como herramientas buenas y útiles para su gloria.

El teólogo A. A. Hodge lo dijo muy bellamente:

> El cielo, como el hogar eterno del Hombre divino
> y de todos los miembros redimidos de la raza humana,
> necesariamente debe ser completamente humano en
> su estructura, condiciones y actividades. Sus gozos
> y actividades deben ser todos racionales, morales,
> emocionales, voluntarios y activos. Debe existir el
> ejercicio de todas las facultades, la gratificación de todos
> los gustos, el desarrollo de todas las capacidades de
> talento, la realización de todos los ideales. . . . El cielo
> probará ser la flor y el fruto consumados de toda la
> creación y de toda la historia del universo.[40]

¿No es esa clase de Cielo el lugar en el que usted querría vivir para siempre?

Padre, gracias por los profetas que hablaron a través de las crisis y los tiempos oscuros de su época, viendo en momentos de claridad el mundo que tú vas a formar de las ruinas de este. La visión de ellos de una ciudad santa, una patria santa, una cultura santa y una Tierra santa resuenan con esperanza y anticipación. Gracias porque vas a lograr un Cielo en la Tierra, aunque nosotros mismos no lo podemos hacer. Las cosas terrenales que has creado y que nosotros hemos vuelto en ídolos van a ser vueltas al uso para que fueron creadas: glorificarte a ti para siempre. Qué gozo será participar contigo en tu reino que nunca morirá, nunca se corromperá, y nunca nos desilusionará.

LA MALDICIÓN REVOCADA

Ya no habrá maldición.   — APOCALIPSIS 22:3

No habrá más pecado ni aflicción,
Ni espinas infestarán la tierra;
Él viene para hacer que su bendición llegue
Hasta donde ha llegado la maldición.

— ISAAC WATTS, "JOY TO THE WORLD"
[ORIGINAL INGLÉS DE "AL MUNDO PAZ"]

De la misma manera que Dios y la humanidad están reconciliados en Cristo, así también las moradas de Dios y de la humanidad —el Cielo y la Tierra— serán reconciliadas en Cristo, unidas para siempre en un universo nuevo y físico, donde viviremos como seres resucitados. Las palabras del himno "El Mundo Entero Es del Padre Celestial" expresan esta verdad en las palabras finales del original inglés: "Jesús, quien murió, será satisfecho, y la Tierra y el Cielo serán uno."[41]

Jesucristo, como el Dios hombre, une para siempre el hogar de Dios —el Cielo— con nuestro hogar —la Tierra. Como lo demuestra Efesios 1:10, la idea del Cielo y la Tierra llegando a ser uno es completamente bíblica. Cristo hará que la Tierra sea Cielo y el Cielo sea Tierra.

Al igual que la pared que separa a Dios de la humanidad es destruida en Jesús, así también la pared que separa al Cielo de la Tierra será demolida para siempre. Habrá un universo, con todas las cosas en el Cielo y la Tierra juntas bajo una cabeza: Jesucristo. "¡Aquí, entre los seres humanos, está la morada de Dios! Él acampará en medio de ellos" (Apocalipsis 21:3). Dios vivirá con nosotros en la Nueva Tierra. Eso reunirá "todas las cosas, tanto las del cielo como las de la tierra." Cuando Dios caminó con Adán y Eva en el jardín, la Tierra era el patio posterior del Cielo. La Nueva Tierra será aún más que eso —será el Cielo mismo. Y los que conocen a Jesús tendrán el privilegio de vivir allí.

Si la Biblia no dijera nada más sobre la vida en el Cielo eterno (la Nueva Tierra), estas palabras "ya no habrá maldición" nos dirían mucho. Después que Adán pecó, Dios dijo: "¡Maldita será la tierra por tu culpa!" (Génesis 3:17). ¿Cómo serían nuestras vidas si la maldición fuera anulada? Un día lo sabremos de primera mano, pero aun ahora hay mucho que anhelar.

Cuando la maldición sea revocada, no tendremos que realizar "penosos trabajos" (v. 17), y la tierra ya no producirá "cardos y espinas" (v. 18), desafiando nuestro dominio y dándonos la paga que nos corresponde por corromperla. Ya no volveremos "a la tierra" de la cual fuimos sacados (v. 19). Ya no seremos tragados por la muerte como mayordomos infieles que nos arruinamos a nosotros mismos y arruinamos la Tierra.

Como resultado de la maldición, el primer Adán no pudo comer más del árbol de la vida, el que presumiblemente lo hubiera hecho vivir para siempre en su estado pecaminoso (Génesis 3:22).

La muerte, aunque es una maldición en sí misma, fue también el único camino para salir de la maldición —y eso es solamente porque Dios había provisto una manera de derrotar a la muerte y restaurar la relación de la humanidad con él.

Cristo vino para quitar la maldición del pecado y de la muerte (Romanos 8:2). Él es el segundo Adán, quien va a deshacer el daño causado por el primer Adán (1 Corintios 15:22, 45; Romanos 5:15-19). En la Cruz y la Resurrección, Dios no sólo hizo un camino para restaurar su diseño original para la humanidad sino que también lo expandió. En nuestros cuerpos resucitados, nuevamente moraremos en la Tierra —una Nueva Tierra— completamente libres de la maldición. Libre del pecado, la actividad humana naturalmente llevará a una cultura próspera y magnífica.

Bajo la maldición, la cultura humana no ha sido eliminada, pero ha sido tergiversada y severamente obstaculizada por el pecado, la muerte y el deterioro de las cosas. Antes de la caída, la comida estaba a disposición con un trabajo mínimo. Había tiempo disponible para perseguir ideas estéticas y reflexivas, trabajar por el puro placer de hacerlo, agradar y glorificar a Dios desarrollando destrezas y habilidades. Desde la caída, generaciones han vivido y muerto después de usar sus años más productivos para ganarse la vida a duras penas consiguiendo comida, abrigo, y protección contra robos y guerras. La humanidad ha sido distraída y debilitada por la enfermedad y el pecado. De igual forma, nuestro desarrollo cultural ha sido atrofiado y corrompido, y algunas veces mal dirigido.

La Tierra no puede ser librada de la maldición por ser destruida. Puede ser librada sólo siendo *resucitada*. La eliminación de la maldición va a ser tan completa y extensa como la obra redentora de Cristo. Al traernos salvación, Cristo ya ha deshecho algo del daño en nuestros corazones, pero en el fin, él restaurará completa y finalmente su creación total a lo que Dios tuvo el propósito que fuera originalmente (Romanos 8:19-21).

La victoria de Cristo sobre la maldición no será parcial. La muerte no se irá renqueando para lamer sus heridas. Será aniquilada, completamente destruida: "[Dios] rasgará el velo que cubre a todos los pueblos, el manto que envuelve a todas las naciones. Devorará a la muerte para siempre; el Señor omnipotente enjugará las lágrimas de todo rostro, y quitará de toda la tierra el oprobio de su pueblo" (Isaías 25:7-8).

El magnífico himno de Isaac Watts "Joy to the World" es teológicamente correcto cuando dice que Cristo viene para hacer que sus bendiciones lleguen "hasta donde ha llegado la maldición." Dios quitará la maldición, no sólo moralmente (en cuanto al pecado) y psicológicamente (en cuanto a las aflicciones), sino también físicamente (en cuanto a las espinas en el suelo).

Si la redención fallara en cuanto a alcanzar los límites más lejanos de la maldición, sería incompleta. El Dios que gobierna el mundo con verdad y con gracia no estará satisfecho hasta que cada pecado, cada dolor, cada espina sea tomado en cuenta. La redención de Cristo se extiende a todo lo que está bajo la maldición —la Tierra, las plantas, los animales— todas las cosas.

Nunca hemos visto la Tierra tal como Dios la hizo. Nuestro planeta como lo conocemos es una distorsión borrosa del original. Pero despierta nuestro apetito para la Nueva Tierra, ¿no es verdad? Si la Tierra presente, tan arruinada y menguada por la maldición, a veces es tan hermosa y maravillosa; y si nuestros cuerpos, tan arruinados y menguados por la maldición, a veces se sobrecogen por un sentido de la belleza y la maravilla de la Tierra; entonces, *¿cuán magnífica será la Nueva Tierra?*

¿Espera usted con ansias su resurrección? ¿La resurrección de la Tierra?

Padre, nosotros nunca hemos conocido la vida en la Tierra sin la maldición. Nos parece normal y permanente, pero recuérdanos que no es algo normal. Es una aberración temporal, una rebelión momentánea que por cierto terminará. Nuestra caída, y la de la Tierra, es algo que tú has prometido arreglar para siempre. Gracias por tu promesa de que esta Tierra en la que vivimos un día será como tú quisiste que fuera. Ayúdanos a esperar con anticipación ese tiempo y lugar cuando "ya no habrá maldición."[42]

NUESTROS PRIMEROS CUERPOS HECHOS NUEVOS

Y si Cristo no ha resucitado, la fe de ustedes es ilusoria y todavía están en sus pecados. En este caso, también están perdidos los que murieron en Cristo. Si la esperanza que tenemos en Cristo fuera sólo para esta vida, seríamos los más desdichados de todos los mortales.

— 1 Corintios 15:17-19

No seremos espíritus incorpóreos en el mundo venidero, sino espíritus redimidos, en cuerpos redimidos, en un universo redimido.[43]
— R. A. Torrey

Pablo dice que si Cristo no hubiera resucitado de los muertos, nosotros todavía estaríamos en nuestros pecados, queriendo decir que iríamos al Infierno, no al Cielo.

Pablo no dice simplemente que si no hay *Cielo,* la vida cristiana sería inútil. Él dice que si no hay *resurrección de los muertos,* entonces la esperanza del cristianismo es una ilusión, y que se nos debería tener lástima por colocar nuestra fe en Cristo. Pablo no tiene interés en un Cielo que es meramente para los espíritus humanos.

Las ilusiones no son la razón por la cual, en lo profundo de nuestro corazón, deseamos una vida resucitada en una Tierra resucitada en lugar de una existencia incorpórea en un reino espiritual. Más bien, la deseamos precisamente debido a que Dios quiere que seamos resucitados a una nueva vida en la Nueva Tierra. Es Dios el que nos creó para que deseáramos aquello para lo cual fuimos hechos. Es Dios quien "ha puesto eternidad en el corazón" de los hombres (Eclesiastés 3:11, RV60). Es Dios quien nos diseñó para que vivamos en la Tierra y para desear una vida terrenal. Y es nuestra resurrección corporal la que nos permitirá retornar a una vida terrenal —esta vez libre de pecado y de la maldición.

"Por lo tanto, si alguno está en Cristo, es una nueva creación. ¡Lo viejo ha pasado, ha llegado ya lo nuevo!" (2 Corintios 5:17). Llegar a ser una nueva creación suena como si involucrara un cambio radical, y por cierto que lo hace. Pero aunque nos convertimos en personas *nuevas* cuando llegamos a Cristo, todavía permanecemos la *misma* persona.

La conversión es una mezcla de cambio y continuidad. Cuando acepté a Cristo en la secundaria, me convertí en una persona nueva, pero todavía era la misma persona que siempre había sido. Mi madre vio muchos cambios, pero todavía me reconocía. Ella todavía me decía: "Buenos días, Randy," y no: "¿Quién eres *tú*?" Yo todavía era Randy Alcorn, aunque un Randy Alcorn notablemente transformado. Mi perro nunca me ladró —él sabía quién era yo.

De igual manera, este mismo Randy (quien ahora es muy diferente) va a experimentar otro cambio cuando muera. Y aun experimentaré *otro* cambio en la resurrección. Pero a través de todos los cambios, *todavía seré quien era y quien soy*. Habrá continuidad de esta vida a la siguiente. Podré decir con Job: "Y cuando mi piel haya sido destruida, todavía veré a Dios con mis propios ojos . . . espero ser yo quien lo vea, y no otro" (Job 19:26-27).

La conversión no quiere decir eliminar lo viejo sino transformarlo. A pesar de los cambios radicales que ocurren por medio de la salvación, la muerte y la resurrección, permanecemos los seres únicos que Dios ha creado. Tenemos la misma historia, apariencia, memoria, intereses y habilidades. Este es el principio de la *continuidad redentora.* Dios no va a desechar su creación original y comenzar de nuevo. En cambio, él tomará a sus hijos caídos y corruptos, y nos restaurará, refrescará y renovará a nuestro diseño original.

Si no captamos el principio de la continuidad redentora, no podemos entender la naturaleza de la resurrección. "Debe haber continuidad," escribe Anthony Hoekema, "porque de otra manera ni siquiera tendría sentido hablar de una resurrección. El llamado a la existencia de un grupo de gente totalmente diferente a los habitantes presentes de la tierra no sería una resurrección."[44]

En 1 Corintios 15:53 se nos dice: "Porque lo corruptible tiene que vestirse de lo incorruptible, y lo mortal, de inmortalidad." Es *esto* (lo corruptible y mortal) que se viste de *aquello* (lo incorruptible e inmortal). De igual forma, somos *nosotros,* la misma gente que camina en esta Tierra, la que caminará en la Nueva Tierra. "Y así estaremos [nosotros] con el Señor para siempre" (1 Tesalonicenses 4:17).

La tumba vacía es la prueba suprema de que el cuerpo de resurrección de Cristo era el mismo cuerpo que murió en la cruz. Si la *resurrección* significaba la creación de un cuerpo que previamente no existía, el cuerpo original de Cristo hubiera permanecido en la tumba. Cuando después de su resurrección Jesús les dijo a sus discípulos: "¡Soy yo mismo!" les estaba enfatizando a ellos que él era la misma persona —en espíritu y en cuerpo— que había ido a la cruz (Lucas 24:39). Sus discípulos vieron las marcas de su crucifixión, una evidencia inequívoca de que ese era el mismo cuerpo.

Jesús dijo: "Destruyan este templo . . . y lo levantaré de nuevo en tres días" (Juan 2:19). Juan aclara que "el templo a que se refería era su propio cuerpo" (v. 21). El cuerpo que resucitó era el cuerpo que había sido destruido.

En su histórica cristalización de la doctrina ortodoxa, el *Catecismo Mayor de Westminster* (1647) declara: "Los mismos cuerpos de los muertos han estado en la tumba serán unidos a sus almas para siempre y se levantarán por el poder de Cristo."[45] Uno de los grandes credos de la fe cristina, la Confesión de Fe de Westminster, dice: "Todos los muertos serán resucitados con sus mismos cuerpos, y no con otros."[46] "Los mismos cuerpos" afirma la doctrina de la continuidad a través de la resurrección.

Entonces, esta es la verdad más básica acerca de nuestros cuerpos resucitados: Son los mismos cuerpos que Dios creó para nosotros, pero serán resucitados a una mayor perfección de la que jamás hemos conocido. Por supuesto que no sabemos todo acerca de ellos, pero sabemos mucho. Las Escrituras no nos dejan sin conocimiento en cuanto a nuestros cuerpos resucitados.

Debido a que cada uno de nosotros tiene un cuerpo físico, ya tenemos el mejor punto de referencia para imaginarnos un cuerpo *nuevo*. De manera similar, la Nueva Tierra todavía será la Tierra, pero una Tierra cambiada. Será convertida y resucitada, pero todavía será la Tierra y la reconoceremos como tal. Al igual que los que son nacidos de nuevo por la salvación mantienen continuidad con la persona que eran, así también el mundo será renacido en continuidad con el mundo viejo (Mateo 19:28).

Cuando se imagina la Nueva Tierra con los ojos de la mente, ¿qué ve? ¿Es una visión que lo motiva para servir a Dios hoy, anticipando lo que él ha planeado para usted?

Padre, esperamos con ansias ser quienes somos, pero sin embargo muy diferentes, en el Cielo. Anhelamos tener cuerpos que funcionen mejor y se vean mejor, y que sean mejores, pero estamos agradecidos porque todavía serán nuestros cuerpos. Te agradecemos porque nos vas a moldear para que seamos todo lo que siempre has querido que fuéramos.

EL CUERPO DE RESURRECCIÓN DE CRISTO: EL MODELO PARA EL DE NOSOTROS

El Señor Jesucristo . . . transformará nuestro cuerpo miserable para que sea como su cuerpo glorioso.

— FILIPENSES 3:20-21

En algún lugar en mi cuerpo quebrantado y paralizado se encuentra la semilla de lo que llegaré a ser. La parálisis hace que lo que llegaré a ser sea más grandioso cuando usted contrasta las piernas atrofiadas e inútiles con piernas magníficamente resucitadas. Estoy convencida de que si hay espejos en el cielo (¿y por qué no?), la imagen que veré será evidentemente "Joni," aunque una Joni mucho mejor y mucho más radiante.[47]

— JONI EARECKSON TADA

Podemos saber mucho acerca de nuestros cuerpos de resurrección. ¿Por qué? Porque se nos dice mucho acerca del cuerpo resucitado de Cristo, y se nos dice que nuestros cuerpos serán como el de él.

"Queridos hermanos, ahora somos hijos de Dios, pero todavía no se ha manifestado lo que habremos de ser. Sabemos, sin embargo, que cuando Cristo venga seremos semejantes a él, porque lo veremos tal como él es" (1 Juan 3:2).

"Y así como hemos llevado la imagen de aquel hombre terrenal, llevaremos también la imagen del celestial" (1 Corintios 15:49).

Aunque Jesús en su cuerpo resucitado proclamó que no era un fantasma (Lucas 24:39, BLS), innumerables creyentes creen que van a ser fantasmas en el Cielo eterno. Lo sé porque he hablado con muchos de ellos. Creen que serán espíritus incorpóreos, o espectros. Se les escapa que la resurrección de Cristo fue magnífica y conmovió al cosmos, y que por definición fue un triunfo físico sobre la muerte física y un mundo físico.

Si Jesús hubiera sido un fantasma, no hubiera habido resurrección, y la redención no se hubiera logrado. Pero Jesús no fue un fantasma; caminó en la tierra en su cuerpo de resurrección durante cuarenta días, mostrándonos cómo viviríamos como seres humanos resucitados. En efecto, él también demostró dónde viviríamos como seres humanos resucitados —en la Tierra. El cuerpo de resurrección de Cristo era apropiado para la vida en la Tierra. De la forma en que Jesús fue resucitado para regresar a vivir en la Tierra, así nosotros seremos resucitados para regresar a vivir en la Tierra (1 Tesalonicenses 4:14; Apocalipsis 21:1-3).

El Jesús resucitado caminó y habló con dos discípulos en el camino a Emaús (Lucas 24:13-35). Ellos le formularon preguntas; él les enseñó y los guió en su comprensión de las Escrituras.

Aunque no supieron que era Jesús hasta que "se les abrieron los ojos" (v. 31), sugiriendo que Dios había impedido que reconocieran a Cristo, no vieron nada lo suficientemente diferente en su apariencia para sugerir que su cuerpo resucitado se veía diferente a cualquier otro cuerpo humano normal. En otras palabras, no vieron nada fuera de lugar. Vieron al Jesús resucitado como un ser humano normal, corriente. Las plantas de sus pies no flotaban sobre la tierra —caminaban sobre ella.

Sabemos que el Cristo resucitado se veía como un hombre porque María lo llamó "señor" cuando asumió que él era el que cuidaba el huerto al lado de la tumba (Juan 20:15). Jesús pasó tiempos notablemente normales con sus discípulos después de su resurrección. Temprano una mañana, "se hizo presente en la orilla" desde una distancia (Juan 21:4). Él no estaba en el aire ni flotaba —ni siquiera caminó sobre el agua, aunque lo podría haber hecho. Se dirigió a sus discípulos (v. 5). Comenzó una fogata, y ya estaba cocinando pescado que se presume que lo había pescado él mismo. Lo cocinó, lo que significa que no hizo sonar los dedos e hizo que se materializara una comida. Invitó a sus discípulos a que agregaran sus pescados a los de él y dijo: "Vengan a desayunar" (Juan 21:12).

En otra ocasión, de pronto Jesús apareció en un lugar a puerta cerrada donde estaban reunidos sus discípulos (Juan 20:19). El cuerpo de Cristo se podía tocar y abrazar, y podía consumir alimentos, sin embargo aparentemente también se podía "materializar." ¿Cómo es posible esto? ¿Pudiera ser que un cuerpo de resurrección está estructurado de tal forma que permite que sus moléculas pasen a través de materiales sólidos o de pronto volverse visible o invisible?

No deberíamos asumir que el cuerpo de Cristo se verá *exactamente* como se veía antes de su muerte y resurrección, o que nuestros cuerpos se verán *exactamente* como se ven ahora. Durante la transfiguración de Cristo, la apariencia de su rostro cambió, y "su ropa se tornó blanca y radiante" (Lucas 9:29). De igual manera, se describe a Elías y a Moisés apareciendo con "un aspecto glorioso" (Lucas 9:31).

Cristo puede brillar literalmente en su reino en la Nueva Tierra. Juan dice de la ciudad: "El Cordero es su lumbrera" (Apocalipsis 21:23). Cristo se le apareció a Pablo y lo cegó en el camino a Damasco (Hechos 9:3-9).

Asimismo, las Escrituras prometen que "los justos brillarán en el reino de su Padre" (Mateo 13:43), y también que "resplandecerán con el brillo de la bóveda celeste . . . brillarán como las estrellas por toda la eternidad" (Daniel 12:3).

Una vez que entendemos que la resurrección de Cristo es el prototipo de la resurrección de la humanidad y de la Tierra, nos damos cuenta de que la Biblia nos ha dado una llave interpretativa para considerar los pasajes referentes a la resurrección humana y a la vida en la Nueva Tierra. ¿No deberíamos interpretar los pasajes referentes a las personas resucitadas viviendo en la Nueva Tierra tan literalmente como aquellos que se refieren a la vida resucitada de Cristo durante los cuarenta días que estuvo en esta primera Tierra?

Cuando Pablo habla de nuestros cuerpos de resurrección, dice: "Lo que se siembra en corrupción, resucita en incorrupción; lo que se siembra en oprobio, resucita en gloria; lo que se siembra en debilidad, resucita en poder; se siembra un cuerpo natural, resucita un cuerpo espiritual" (1 Corintios 15:42-44).

Cuando Pablo usa el término *cuerpo espiritual* (v. 44), él no habla de un cuerpo hecho de espíritu, o un cuerpo que no es físico, porque no existe tal cosa. Un *cuerpo,* por definición, es físico con carne y huesos. La palabra *espiritual* aquí es un adjetivo que *describe* al cuerpo; no niega su significado. Un cuerpo espiritual es primero y ante todo un cuerpo real, o no calificaría para ser llamado cuerpo. Si nuestros cuerpos se convirtieran en espíritus, Pablo podría simplemente haber dicho: "Se siembra un cuerpo natural, resucita un espíritu," pero eso no fue lo que dijo. Juzgando por el cuerpo de resurrección de Cristo, un cuerpo espiritual parece verse y actuar la mayor parte del tiempo como un cuerpo físico regular, pero puede tener (y en el caso de Cristo *tiene*) algunas habilidades físicas más allá de lo que actualmente es normal.

Muchos de nosotros esperamos con anhelo el Cielo más ahora de lo que lo hicimos cuando nuestros cuerpos funcionaban bien. Dentro de su cuerpo, aun cuando está fallando o está enfermo, se encuentra el modelo o prototipo de su cuerpo de resurrección. Tal vez no esté satisfecho con su cuerpo o su mente actuales, pero va a estar encantado con la versión actualizada de su resurrección.

¿Cómo afecta la resurrección corporal de Cristo la perspectiva de usted de su futuro cuerpo y lo que será la vida en la Nueva Tierra?

Gracias, Padre, por tu promesa de cuerpos resucitados y mentes renovadas, con los cuales podremos glorificarte y disfrutarte mejor por toda la eternidad. Todavía no estamos listos para apreciar la eternidad de maravillas que tú has preparado para nosotros. Pero algunos días, Señor, sentimos que no podemos esperar más. En tu tiempo perfecto, sácanos de este mundo caído, y llévanos a tu presencia. Y entonces, en el tiempo que has señalado, envía a tu Hijo de vuelta a esta Tierra, triunfante, para que establezca su reino. Y danos lo que no merecemos: mentes resucitadas y cuerpos en perfecta comunión contigo y con nuestra familia espiritual. Anhelamos el gran banquete y la celebración que nunca termina. ¡Ven, Señor Jesús!

SEGÚN VA LA HUMANIDAD, ASÍ VA LA CREACIÓN

La creación aguarda con ansiedad la revelación de los hijos de Dios, porque fue sometida a la frustración . . . Pero queda la firme esperanza de que la creación misma ha de ser liberada de la corrupción que la esclaviza, para así alcanzar la gloriosa libertad de los hijos de Dios. Sabemos que toda la creación todavía gime a una, como si tuviera dolores de parto. Y no sólo ella, sino también nosotros mismos . . . gemimos interiormente, mientras aguardamos nuestra adopción como hijos, es decir, la redención de nuestro cuerpo. — ROMANOS 8:19-23

Aun después de la caída, el destino y la redención de la tierra permanecen indisolublemente unidos con la existencia y el desarrollo de la raza humana. La redención de la tierra está, a pesar de todo, todavía unida al hombre. . . . El hombre es el instrumento para la redención de la creación terrenal. Y debido a que esta sigue siendo la meta y la forma de hacer las cosas de Dios, puede haber un nuevo cielo y una nueva tierra sólo después del gran trono blanco, es decir, después del cumplimiento y la conclusión de la historia de la redención humana.[48] — ERICH SAUER

P or qué espera con ansiedad la creación nuestra resurrección? Por una razón simple pero fundamentalmente importante: *Según va la humanidad, así va la creación.* Al igual que toda la creación fue estropeada por causa de nuestra rebelión, la liberación de toda la creación depende de nuestra liberación. La glorificación del universo depende de la glorificación de una raza humana redimida. El destino de toda la creación nos pisa los talones.

¿Qué efecto posible podría tener una redención en las galaxias que están a billones de años luz de nosotros? El mismo efecto que nuestra caída tuvo en ellas. El pecado de Adán y Eva no simplemente creó una catástrofe personal localizada, una catástrofe en el Edén; fue una catástrofe de proporciones cósmicas, no sólo globales.

Cuando era niño, la astronomía era mi pasatiempo. Muchos años antes de aceptar a Cristo, yo estaba fascinado con los violentos choques de galaxias, las explosiones de las estrellas y la implosión en las estrellas de neutrones y los agujeros negros. La entropía, la segunda ley de la termodinámica, nos dice que todas las cosas se deterioran. Aun las partes más remotas del universo revelan grandes mundos de enardecida destrucción.

Pero no deberíamos mirar las cosas como son ahora y asumir que siempre han sido de esta forma. ¿No es razonable suponer que las condiciones prístinas de la creación original de Dios eran tales que la energía estelar fuera vuelta a abastecerse, y que los planetas no se salieran de sus órbitas, y que los seres humanos y los animales no murieran? ¿Y qué si Dios tuvo el propósito de que nuestro dominio sobre la Tierra se extendiera finalmente a todo el universo físico? Entonces no nos sorprenderíamos de ver a toda la creación caer bajo la Maldición, porque todo estaría bajo nuestra mayordomía.

Considere las palabras de Pablo acerca de la importancia central de Cristo y la correspondiente magnitud de su obra redentora: "Porque a Dos le agradó habitar en [Cristo] con toda su plenitud y, por medio de él, reconciliar consigo *todas las cosas,* tanto *las que están en la tierra como las que están en el cielo,* haciendo la paz mediante la sangre que derramó en la cruz" (Colosenses 1:19-20, itálicas añadidas).

El evangelio del Reino de Dios no es sólo buenas noticias para nosotros, es buenas noticias para los animales, las plantas, las estrellas y los planetas. Es buenas noticias para el firmamento arriba y para la Tierra abajo.

Si pensamos en la redención muy estrechamente, podemos ser engañados y pensar que el Cielo debe ser fundamentalmente diferente de la Tierra, porque en nuestras mentes la Tierra es mala, irredimible, más allá de toda esperanza. De hecho, "la enseñanza de que la creación abarca un nuevo comienzo radical," escribe el teólogo Cornelius Venema, "sugeriría que el pecado y el mal han llegado a ser una parte tan grande de la sustancia del presente orden creado que es irremediable y radicalmente malo. . . . Aun implicaría que la rebelión pecaminosa de la creación ha arruinado de tal manera la obra de Dios que la ha hecho irreparablemente malvada."[49] Pero no olvidemos que Dios dijo que la Tierra original era "muy buena," la Tierra verdadera como él la diseñó para que fuera (Génesis 1:31).

No comprenderemos la extensión y la profundidad de la obra redentora de Cristo mientras continuemos pensando que está limitada a la humanidad. Pero como explica Pablo:

Porque por medio de [Jesús] fueron creadas *todas las cosas en el cielo y en la tierra,* visibles e invisibles, sean tronos, poderes, principados o autoridades: *todo* ha sido creado por medio de él y para él. Él es anterior a *todas las cosas,* que por medio de él forman un *todo* coherente. Él es la cabeza del cuerpo, que es la iglesia. Él es el principio, el primogénito de la resurrección para ser en *todo* el primero. Porque a Dios le agradó habitar en él con toda su plenitud y, por medio de él, reconciliar consigo *todas las cosas,* tanto *las que están en la tierra como las que están en el cielo,* haciendo la paz mediante la sangre que derramó en la cruz (Colosenses 1:16-20, itálicas añadidas).

¿Cómo se sentirán los efectos de nuestra resurrección corporal en todo el universo? De la misma forma exacta en que toda la creación sufrió cuando caímos en pecado. Existe una conexión directa, un vínculo metafísico y moral entre la humanidad y el universo físico.

Romanos 8 contiene una profunda declaración teológica que extiende la doctrina de la caída mucho más allá de lo que tal vez habríamos esperado. Pero al hacerlo, extiende la doctrina de la redención de Cristo en una medida igual.

Deberíamos esperar que todo lo que fue afectado por la caída será restaurado a su condición original. Las cosas ya no continuarán empeorando. Cuando cambien, sólo se volverán mejores. Eso será verdad en cuanto a nuestros cuerpos, nuestras mentes y nuestra cultura humana en el nuevo universo. Y no existen bases para imaginarnos que el vínculo creado por Dios entre la humanidad y el universo físico cesará. ¿Por qué no debería continuar por toda la eternidad?

Muchos creyentes parecen asumir que el universo presente será aniquilado permanentemente. Pero si así fuera, ¿qué analogía esperaríamos que usara Pablo para lo que le sucederá a la creación? ¿Un viejo moribundo? ¿Un soldado herido de muerte que exhala su último suspiro? Esas imágenes encajarían bien con la creencia de que el universo va a tener a un fin violento y conclusivo. Pero Pablo no usa analogías de muerte y destrucción. Él usa la analogía de dar a luz: "Toda la creación todavía gime a una, como si tuviera dolores de parto" (Romanos 8:22).

¿Hay algo dentro de usted que anhela la redención venidera? Fíjese en otras personas; escuche el clamor de los animales, de los océanos y del viento en los árboles. ¿Ve y escucha evidencia de este gemido por algo mejor . . . pidiendo que el mundo finalmente esté como debe ser?

Gracias, Señor, que un mundo mucho mejor va a nacer de este, porque algunas veces estamos muy cansados de la forma en que es este mundo. Te alabamos, Señor, por la extensión de tu obra redentora y la forma en que señala las maravillas de tu carácter y tu amor. Nos sentimos muy alentados porque sabemos que hay un futuro eterno para tu creación, la cual todavía no hemos visto como tú quieres que sea. Pero si su belleza a veces puede brillar con tanta intensidad aun bajo las oscuras nubes de la

Maldición, ¿cómo será verla en su gloria? Gracias porque tú eres mucho más maravilloso y grande de lo que nos imaginamos, y porque tu obra redentora también es mucho más maravillosa y grande.

EL SIGNIFICADO DE "NUEVO" EN LA "NUEVA TIERRA"

Vi un cielo nuevo y una nueva tierra. . . . Vi además la ciudad santa, la nueva Jerusalén, que bajaba del cielo, procedente de Dios. — APOCALIPSIS 21:1-2

La nueva creación es la noción dominante de la teología bíblica, porque la nueva creación es la meta o propósito del plan histórico-redentor de Dios; la nueva creación es el punto principal lógico de la Escritura.[50] — GREG BEALE

Cuando la Biblia habla de un "cántico nuevo," ¿nos lo imaginamos como sin palabras, silencioso o sin ritmo? Por supuesto que no. ¿Por qué? Porque entonces *no sería un cántico.*

Si yo le prometiera un automóvil nuevo, ¿diría usted: "Si es nuevo, probablemente no tenga motor, transmisión, puertas, ruedas, ventanas o tapizado"? No, usted jamás asumiría eso. ¿Por qué? Porque si un automóvil nuevo no tuviera esas cosas, *no sería un automóvil.*

De igual manera, cuando la Biblia habla de una Nueva Tierra, podemos esperar que será una versión mucho mejor que la Tierra antigua, pero *será verdaderamente la Tierra*. Al llamarla Nueva Tierra, Dios nos dice enfáticamente que será terrenal y, por lo tanto, familiar. De no ser así, ¿por qué llamarla Tierra? ¿Por qué no llamarla un nuevo reino, imperio, territorio o morada?

La palabra *nueva* es un adjetivo. Los adjetivos modifican a los nombres, pero no los niegan. El nombre es lo principal. Así que un automóvil nuevo es primero y principalmente un automóvil. Un cuerpo nuevo es esencialmente un cuerpo; una Nueva Tierra es esencialmente una Tierra.

La Biblia comienza con esta declaración poderosa: "Dios, en el principio, creó los cielos y la tierra" (Génesis 1:1). "Los cielos y la tierra" es una designación bíblica para todo el universo. Así que cuando Isaías 65 y 66, 2 Pedro 3, y Apocalipsis 21 hablan de "nuevo(s) cielo(s) y una nueva tierra," indican una transformación del universo completo.

En Apocalipsis 21:1, la palabra griega *kainos*, que se traduce "nueva," en el término Nueva Tierra, significa nuevo "en el sentido de que lo viejo se ha vuelto obsoleto, y debería ser reemplazado por lo que es nuevo. En tal sentido lo nuevo, como regla, es superior en naturaleza a lo viejo."[51]

Pablo usa la misma palabra, *kainos*, cuando habla de un creyente en Cristo que llega a ser "una nueva creación" (2 Corintios 5:17). El creyente todavía es la misma persona que era antes, pero él o ella ha sido hecho nuevo. De igual manera, la Nueva Tierra será la misma que la Tierra primera, la antigua, pero hecha nueva.

En nuestra resurrección, Dios puede reunir nuestro ADN esparcido y los átomos y moléculas de nuestros cuerpos muertos y deteriorados. En la resurrección de la Tierra, él rescatará todo lo que necesite de la carbonizada y desfigurada Tierra. Así como nuestros cuerpos viejos van a ser resucitados en cuerpos nuevos, también la Tierra primera o vieja va a ser resucitada y se convertirá en la Nueva Tierra.

Así que, ¿será la Tierra *destruida* o *renovada*? La respuesta es *ambas,* pero la destrucción será temporal y parcial, mientras que la renovación va a ser eterna y completa. Aquellos que enfatizan que nuestra ciudadanía está en el Cielo —y yo soy uno de ellos— algunas veces tenemos un hábito desafortunado de minimizar nuestra conexión a la Tierra y a nuestro destino de vivir en ella y gobernarla. Terminamos pensando en la eternidad como un estado espiritual, no terrenal, en el cual la Tierra no es sino un recuerdo distante.

Cuando entendemos y anticipamos la naturaleza física de la Nueva Tierra se rectifican una multitud de errores. Nos libera para amar, sin sentirnos culpables, el mundo que Dios ha hecho, mientras le decimos no al mundo corrompido por nuestro pecado. Nos recuerda que Dios mismo nos dio la Tierra, nos dio *amor* por la Tierra y nos dará la Nueva Tierra.

Piense por un momento lo que esto significará para Adán y Eva. Cuando la Nueva Tierra baje del Cielo, el resto de todos nosotros iremos a nuestro hogar, pero Adán y Eva estarán *regresando* a su hogar. Sólo ellos habrán vivido en tres Tierras —una sin haber caído, una caída y una redimida. Sólo ellos habrán experimentado, por lo menos hasta cierto grado, el tesoro de una Tierra original magnífica que fue perdida y ahora es recuperada.

Cuando abramos los ojos por primera vez en la Nueva Tierra,

¿nos será poco familiar, o la reconoceremos como nuestro hogar?

Como seres humanos, anhelamos nuestro hogar, aun cuando salimos a explorar nuevas fronteras no descubiertas. Anhelamos lo familiar antiguo, aun cuando ansiamos la innovación de lo nuevo. Piense en todas las cosas que nos encantan que son nuevas: mudarse a una casa nueva, el olor de un automóvil nuevo, la forma en que se siente un libro nuevo, mirar una película nueva, escuchar una canción nueva, el placer de una nueva amistad, disfrutar una nueva mascota; recibir regalos nuevos el día de nuestro cumpleaños, quedarse en un agradable cuarto nuevo en un hotel, llegar a una nueva escuela o a un nuevo lugar de trabajo, recibir un hijo o un nieto recién nacido, comer comidas nuevas que son de nuestro agrado.

Nos encanta lo nuevo y, sin embargo, en cada caso, lo que es nuevo está ligado a algo que es familiar. En realidad no nos gustan las cosas que son completamente extrañas para nosotros. En cambio, apreciamos innovaciones y variaciones de las cosas que ya conocemos y que nos gustan.

Así que cuando escuchamos que en el Cielo tendremos nuevos cuerpos y viviremos en una Nueva Tierra, así es como deberíamos entender la palabra *nueva*, como una versión restaurada y perfeccionada de nuestros cuerpos familiares y de nuestra Tierra familiar.

Si alguien le preguntara qué quiere decir el término *Nueva Tierra*, ¿qué le respondería?

⚒ Señor, es sobrecogedor pensar que de la misma forma en que nos harás nuevos en la Resurrección final, también harás nueva la Tierra. Sentimos amor por la Tierra. Quisiéramos que no estuviera tan estropeada; nos encantaría vivir en una Tierra sin pecado, muerte ni sufrimiento. Nos encantaría disfrutar de la naturaleza sin los desastres naturales ni los ataques de los animales salvajes, zumaque venenoso, incendios forestales ni heridas producidas por caerse. Gracias porque no te equivocaste cuando creaste la Tierra y cuando nos creaste a nosotros. Gracias porque nos harás nuevos y harás nueva a la Tierra, para traerte gloria y gozo —un gozo que quieres que compartamos contigo para siempre.

AÑORANDO EL CIELO

Según su promesa, esperamos un cielo nuevo y una tierra
nueva, en los que habite la justicia.   — 2 Pedro 3:13

*Cuando escuché que estaba en el lugar incorrecto . . . mi alma
cantó de gozo, como un ave en la primavera. Ahora supe . . .
porqué podía sentir añoranza en mi hogar.*[52]
— G. K. Chesterton

R ecuerda un tiempo cuando estaba lejos de su hogar terrenal y lo extrañaba mucho? Tal vez fue cuando asistió a la
universidad, estuvo en las fuerzas armadas, viajaba extensamente
en el extranjero o debió mudarse debido a un trabajo. ¿Recuerda
cómo le dolía el corazón cuando pensaba en su hogar? Así es como
nos deberíamos sentir en cuanto al Cielo. Somos refugiados que
anhelamos nuestro hogar. C. S. Lewis dijo: "Si encuentro en mí
un deseo que ninguna experiencia en este mundo puede satisfacer,
la explicación más probable es que yo he sido hecho para otro
mundo."[53]

Nada es mal diagnosticado con más frecuencia que nuestra
nostalgia por el Cielo. Pensamos que lo que queremos son las

relaciones sexuales, las drogas, el alcohol, un nuevo trabajo, un aumento de sueldo, obtener un doctorado, un cónyuge, un televisor de pantalla grande, un automóvil nuevo, una cabaña en un bosque, un apartamento en Hawai. Lo que en realidad queremos es a la persona para la cual fuimos hechos, Jesús, y el lugar para el cual fuimos hechos, el Cielo. Ninguna otra cosa puede satisfacernos.

Me gusta la figura de G. K. Chesterton de sentirse nostálgico en el hogar. Podemos decir: "El Cielo será nuestro hogar eterno," o "La Tierra será nuestro hogar eterno," pero no deberíamos decir: "El Cielo, y no la Tierra, será nuestro hogar eterno," porque el Cielo en el cual viviremos permanentemente estará en la Nueva Tierra.

Hace años, un creyente que conocí por casualidad me dijo que lo perturbaba el hecho de que no anhelaba el Cielo. En cambio, anhelaba una Tierra que fuera como Dios tuvo el propósito de que fuera. Él no deseaba un Cielo en un lugar afuera por allí, sino una Tierra debajo de sus pies, en la cual Dios fuera glorificado, y él pudiera tener compañerismo con Dios y servirlo para siempre. Él se sentía culpable y falto de espiritualidad por ese deseo.

En aquel entonces, mis ojos no habían sido abiertos a la promesa de la Biblia de la Nueva Tierra. Si yo pudiera hablar con ese hombre de nuevo (espero que lea esto), le diría lo que debí haberle dicho la primera vez, que su anhelo era bíblico y correcto. De hecho, el lugar exacto que él siempre ha anhelado, una Tierra donde Dios sea completamente glorificado, es el lugar donde vivirá para siempre.

La encarnación de Cristo trajo el Cielo a la Tierra. La Nueva Tierra venidera será el lugar permanente de morada de Dios, tan pura y santa como el Cielo siempre ha sido. Por lo tanto, no puede ser inapropiado pensar en el Cielo en términos terrenales, porque son las Escrituras mismas las que nos demandan que lo hagamos. Paul Marshall escribe: "Lo que necesitamos no es ser rescatados del mundo, ni dejar de ser humanos, ni dejar de cuidar al mundo, ni dejar de darle forma a la cultura humana. Lo que necesitamos es el poder para hacer estas cosas de acuerdo a la voluntad de Dios. Nosotros, al igual que el resto de la creación, necesitamos ser redimidos."[54]

Decirle: "Este mundo no es su hogar" a una persona que está totalmente viva y alerta a las maravillas de este mundo es como tirar un balde de agua a unas brasas encendidas. Deberíamos soplar aire sobre esa llama para ayudarla a esparcirse, no buscar apagarla. De otra forma, difamamos el instinto que nos dio Dios de amar el hogar terrenal que él ha hecho para nosotros. Y reducimos la "espiritualidad" a una negación del arte, la cultura, la ciencia, los deportes, la educación y todo lo demás que es humano.

Cuando hacemos esto, le damos entrada a la hipocresía, porque podemos fingir despreciar al mundo cuando estamos sentados en la iglesia, pero cuando entramos a nuestro automóvil, colocamos nuestra música favorita, vamos a nuestro hogar para disfrutar de un asado con los amigos, miramos un partido de béisbol, jugamos golf, andamos en bicicleta, trabajamos en el jardín, o nos sentamos cómodamente a saborear una taza de café y leemos un buen libro. Hacemos estas cosas no porque somos pecadores sino porque somos *personas*. Todavía seremos personas cuando muramos y vayamos al Cielo. Esta no es una realidad decepcionante —es el plan de Dios. Él nos hizo como somos, excepto la parte del pecado, la cual no tiene nada que ver con los amigos, con comer, los deportes, trabajar en el jardín o leer.

Al igual que usted, yo estoy cansado del pecado, del sufrimiento, del crimen y de la mayor parte de lo que dicen en las noticias de la tarde. Estoy cansado de vivir conmigo mismo como soy ahora. Pero me encantan las altas cataratas cuya agua cae ruidosamente sobre las rocas. Me encanta la grandeza del firmamento nocturno sobre el desierto. Me encanta jugar al tenis, andar en bicicleta y bucear en aguas cristalinas, porque soy la persona física que Dios hizo. Me encanta la intimidad de estar sentado junto a Nanci en el sofá frente a la chimenea, tapados con una frazada y el perro acurrucado a nuestro lado.

Estas experiencias no son el Cielo, pero son pequeños vistazos o *anticipos* del Cielo. Lo que amamos de esta vida son las cosas que tienen resonancia con la vida para la cual nos hizo Dios. Las cosas que amamos no son meramente lo mejor que esta vida tiene que ofrecer, son avances, anticipos de una vida venidera mucho mejor.

¿Siente alguna vez añoranza por el Cielo?

⁓ *Gracias, Padre, por esta Tierra tan maravillosa. Recuérdanos que el diablo no fue el que hizo la Tierra, para burlarse u oponerse a ti. Tú fuiste quien hizo la Tierra para que te glorificara. Gracias por hacernos seres físicos, conectados a la Tierra. Te damos gracias porque nuestro destino es vivir en una Tierra renovada, libre de pecado y de todo mal. Gracias porque las maravillas de la creación que declaran tu gloria no desaparecerán, sino que estarán de nuevo en la Nueva Tierra como testimonios más grandes de tu gloria de lo que podemos imaginar ahora.*

EL GOZO DE VIVIR CON DIOS PARA SIEMPRE

Estableceré mi morada en medio de ustedes. . . . Caminaré entre ustedes. Yo seré su Dios, y ustedes serán mi pueblo.
— Levítico 26:11-12

Si a la mente humana le agradan tanto la bondad, la belleza y la maravilla de las criaturas, el origen de la bondad de Dios (comparado con las gotitas de bondad que se encuentran en las criaturas) va a llevar a las emocionadas mentes humanas totalmente a dicho origen. — Tomás de Aquino

En el Edén, Dios venía a la Tierra, el hogar de la humanidad, cada vez que quería (Génesis 3:8). En la Nueva Tierra, Dios y la humanidad podrán estar juntos todas las veces que quieran. No tendremos que salir de nuestro hogar para ir a visitar a Dios. Él no tendrá que salir de su morada para visitarnos a nosotros. Dios y la humanidad van a vivir juntos para siempre en el mismo hogar —la Nueva Tierra.

Dios dice: "Habitaré entre ellos, y yo seré su Dios y ellos serán mi pueblo" (Ezequiel 37:27). "Viviré con ellos y caminaré entre ellos. Yo seré su Dios, y ellos serán mi pueblo" (2 Corintios 6:16).

Considere esta declaración: "Dios mismo estará con ellos" (Apocalipsis 21:3). ¿Por qué dice enfáticamente Dios *mismo?* Porque Dios no va a simplemente enviar un delegado. Él realmente va a venir a vivir con nosotros en la Nueva Tierra.

La gloria de Dios será el aire que respiramos, lo que hará que queramos respirar más profundamente. En el nuevo universo, nunca podremos viajar tan lejos como para dejar atrás la presencia de Dios. A cualquier lugar que vayamos, Dios estará allí. Pero por grandes que sean las maravillas del Cielo, Dios mismo es el mayor galardón.

En el Cielo, por fin estaremos libres de creernos justos y de engañarnos a nosotros mismos. Ya no nos formularemos preguntas en cuanto a la bondad de Dios; la veremos, la gustaremos, la disfrutaremos y se la declararemos a nuestros compañeros. De seguro que nos vamos a preguntar cómo alguna vez hemos dudado su bondad, porque entonces nuestra fe será por la vista —*veremos* a Dios.

En un sermón de 1733, Jonathan Edwards dijo: "Dios es el bien más alto de una criatura sensata, y disfrutar a Dios es la única felicidad que puede satisfacer nuestras almas. Ir al cielo para disfrutar a Dios a plenitud, es infinitamente mejor que las cosas más confortables aquí."

Hoy en día, muchos libros y programas hablan sobre mensajes del reino espiritual; supuestamente vienen de personas que han muerto y ahora hablan por medio de canalizadores o médiums. Afirman haber venido del Cielo para comunicarse con sus seres amados, y sin embargo casi nunca hablan de Dios o expresan la maravilla de ver a Jesús. Pero nadie que en realidad hubiera estado en el Cielo podría dejar de mencionar lo que las Escrituras muestran que es el foco principal: Dios mismo. Si usted hubiera pasado una tarde cenando con un rey, no regresaría y hablaría acerca de cómo estaba arreglado el lugar; hablaría sobre el rey. Cuando le fue revelado el Cielo al apóstol Juan y él registró los detalles, primero y principalmente, desde el principio hasta el fin, él se mantuvo hablando de Jesús.

La novela exitosa *Las Cinco Personas Que Encontrarás en el Cielo* presenta a un hombre que muere, va al Cielo y se encuentra con cinco personas que le dicen que su vida en realidad tuvo mucha importancia. El hombre descubre perdón y aceptación. Suena bien, pero el libro falla porque no presenta a Jesús como el objeto de la fe salvadora. El "Cielo" que presenta no se trata de Dios; se trata de nosotros. Dios no es la persona principal que encontramos en este "Cielo"; ni siquiera es una de las cinco personas que encontramos allí. Es por eso que el "Cielo" que se presenta en ese libro no tiene profundidad ni satisface.

Ir al Cielo sin Dios sería igual que si una novia fuera a su luna de miel sin su esposo. Si no hay Dios, no hay Cielo. Teresa de Ávila dijo: "Donde está Dios, allí está el Cielo."[55] El corolario es obvio: Donde no está Dios, allí está el Infierno. El Cielo será simplemente una extensión física de la bondad de Dios. Estar con Dios, conocerlo, verlo, es la atracción central e irreducible del Cielo.

Jesús les prometió a sus discípulos: "Vendré para llevármelos conmigo. Así ustedes estarán donde yo esté" (Juan 14:3). Para los creyentes, morir es "vivir junto al Señor" (2 Corintios 5:8). El apóstol Pablo dice: "Deseo partir y estar con Cristo, que es muchísimo mejor" (Filipenses 1:23). Él podría haber dicho: "Deseo partir y estar en el Cielo," pero no lo dijo. Sus pensamientos eran estar con Jesucristo, que es el aspecto más significativo del Cielo.

Cuando Jesús oró que estemos con él en el Cielo, explicó por qué: "Padre, quiero que los que me has dado estén conmigo donde yo estoy. *Que vean mi gloria,* la gloria que me has dado porque me amaste desde antes de la creación del mundo" (Juan 17:24, itálicas añadidas). Cuando obtenemos un logro, queremos compartirlo con los que están más cerca de nosotros. De igual forma, Jesús quiere compartir con nosotros su gloria, su persona y sus logros.

El deseo de Cristo de que veamos su gloria nos debería conmover profundamente. Qué elogio tan inesperado que el Creador del universo haya hecho tanto, realizando un sacrificio tan grande, para preparar un lugar para nosotros en el cual podamos contemplar y participar de su gloria.

¿Se ha imaginado alguna vez lo que sería caminar en la Tierra con Jesús, tal como lo hicieron los discípulos? Si conoce a Cristo, *tendrá* esa oportunidad en la Nueva Tierra. Lo que sea que hagamos con Jesús, lo estaremos haciendo con el segundo miembro del Dios trino. ¿Cómo será correr al lado de Dios, reírse con Dios, hablar sobre un libro con Dios, cantar, escalar, nadar y jugar a la pelota con Dios? Jesús prometió que comeríamos con él en su reino. Esta es una intimidad con Dios inconcebible para alguien que no haya captado el significado de la encarnación. Piense en esto —comer una comida con Jesús será comer una comida *con* Dios.

El Dios infinitamente fascinante será la persona más importante e interesante que veremos en el Cielo.

La buena noticia es que podemos llegar a conocer a ese Dios

cautivador aquí y ahora. Lo hacemos cuando venimos ante su presencia en oración, le confesamos nuestros pecados, leemos y meditamos en su Palabra, y nos reunimos con otros seguidores de Jesús en iglesias que enseñan la Biblia.

¿Está haciendo lo que se requiere para conocer a Dios? ¿Qué más puede hacer?

Dios, líbranos de perspectivas humanas del Cielo, porque llevan a una perspectiva superficial del Cielo, que no es digna de ti, el Rey y el centro del Cielo. Ayúdanos a ver que al igual que el sol es el centro del sistema solar, tú eres el centro del universo. Todo se trata de ti. Estaremos muy felices de estar dentro de la zona gravitacional de tu infinita presencia, encontrando nuestro gozo no en remedios que nos dan seguridad en nosotros mismos, sino en conocerte, adorarte, servirte y disfrutar de tu presencia.

LA TIERRA PROMETIDA: LA NUEVA TIERRA COMPARADA CON EL MILENIO

> Los malignos serán destruidos, pero los que esperan en Jehová, ellos heredarán la tierra. . . . Los mansos heredarán la tierra, y se recrearán con abundancia de paz.
>
> — SALMO 37:9-11, RV60

> *¿Por qué no conocemos el país del cual somos ciudadanos? Porque hemos deambulado demasiado lejos y nos hemos olvidado de él. Pero el Señor Jesucristo, el rey de la tierra, vino a nosotros y quitó el olvido de nuestro corazón. Dios se hizo carne para poder ser nuestro camino de regreso.* — AGUSTÍN

Si usted tuviera que describir un reino, ¿qué elementos incluiría? Por cierto que un rey y súbditos a quien gobernar, pero ¿qué más?

Para ser descrito propiamente como un reino, ¿no tendría que incluir también un *territorio,* un *gobierno* y una *cultura*?

¿Por qué es, entonces, que cuando pensamos en el reino de

Dios, a menudo sólo pensamos en el rey y en sus súbditos? Tal vez asumimos que el único líder será el Rey, pero ¿ha escuchado alguna vez algo así? ¿No delegan *siempre* los reyes el gobierno a sus líderes subordinados que sirven bajo ellos? Tal vez supongamos que el soberano Dios sería la excepción a esto, y que él gobernaría su Reino solo, sin delegar nada. Pero esta suposición está equivocada. Las Escrituras en forma repetida muestran a Dios como alguien que delega. Él es el delegador *original.* En forma explícita y repetida declara que su diseño es que su pueblo gobernara la Tierra bajo la autoridad de él.

¿Y qué diremos de la cultura? ¿Puede usted concebir un reino que involucra personas en relación con su Rey y las unas con las otras pero que *no* involucra el contexto social, relacional, creativo e interactivo que conocemos como cultura?

Lo más extraño de todo es que a menudo pensamos en el Reino de Dios sin imaginarnos un *territorio.* Tendemos a espiritualizar el Reino de Dios, percibiéndolo como del otro mundo, intangible e invisible, pero la Biblia nos dice de otro modo.

Apocalipsis 5:1-10 presenta una escena poderosa en el Cielo presente. Dios el Padre, el soberano del Cielo, se sienta en un trono con un rollo sellado en su mano derecha. Lo que está sellado —con siete sellos para evitar cualquier posibilidad de que el documento sea alterado indebidamente— es el testamento del Padre, su plan para la distribución y el gobierno de sus propiedades. En este caso, la herencia es la Tierra, la cual incluye a sus habitantes. Dios tuvo la intención de que el mundo fuese gobernado por seres humanos. Pero ¿quién se presentará para abrir el documento y recibir la herencia? Jesús, el Mesías, el Dios hombre quien recibirá la Tierra y la gobernará como su herencia.

El futuro Rey fue sacrificado para comprar "para Dios gente," no sólo de una pequeña representación de la humanidad caída, sino "gente de toda raza, lengua, pueblo y nación" (Apocalipsis 5:9).

Ese pasaje culmina con una declaración acerca de los seguidores de Cristo: "De ellos hiciste un reino; los hiciste sacerdotes al servicio de nuestro Dios, y reinarán sobre la tierra" (Apocalipsis 5:10).

Un componente esencial de todo reino es la *tierra*. La Tierra es donde gobernaremos, ejercitando con justicia el dominio sobre ella tal como Dios en un principio les mandó hacer a Adán y Eva.

Somos peregrinos en esta Tierra que está pasando, pero finalmente seremos pioneros y colonizadores en la Nueva Tierra. La Tierra es nuestro lugar de vivienda apropiado: "Pues los íntegros, los perfectos, habitarán la tierra y permanecerán en ella. Pero los malvados, los impíos, serán desarraigados y expulsados de la tierra" (Proverbios 2:21-22). "Los justos no tropezarán jamás; los malvados no habitarán la tierra" (Proverbios 10:30).

Isaías y los profetas dejan claro el destino del pueblo de Dios. Vivirán en paz y prosperidad, como gente liberada, en la tierra que Dios les prometió a ellos.

Pero ¿qué sucede con los poseedores de estas promesas que han muerto, incluyendo a la gente que vivió en tiempos de esclavitud y cautividad, guerra, pobreza y enfermedad? Para muchos de ellos, la vida fue corta, dura, y cruel. ¿Vivieron esas pobres personas para ver paz y prosperidad alguna vez, un reino de justicia, o el fin de la maldad?

No.

¿Han vivido alguno de sus descendientes para ver tal lugar?
No.

Todos ellos vivieron por la fe, y murieron sin haber
recibido las cosas prometidas; más bien, las reconocieron
a lo lejos, y confesaron que eran extranjeros y peregrinos
en la tierra. Al expresarse así, claramente dieron a
entender que andaban en busca de una patria. . . .
Antes bien, anhelaban una patria mejor, es decir, la
celestial. Por lo tanto Dios . . . les preparó una ciudad"
(Hebreos 11:13-14, 16).

La "patria mejor" de que se habla en Hebreos 11 es un país real, con
una capital real, la Nueva Jerusalén. Es un lugar verdadero donde
estos "extranjeros y peregrinos en la tierra" van a vivir finalmente
en cuerpos reales. Si las promesas que Dios les hizo a ellos eran
promesas referentes a la Tierra (y por cierto que lo fueron),
entonces la "patria mejor" celestial debe últimamente incluir la
Tierra. El cumplimiento de estas profecías requiere exactamente
lo que las Escrituras prometen en otros lugares —una resurrección
de las personas que son de Dios y de la Tierra de Dios.

Lo que emocionó a estos creyentes esperanzados no fue que
Dios reinaría en el *Cielo* —él ya lo hacía. Lo que le daba alas a su
esperanza en los tiempos más difíciles era que un día Dios reinaría en la *Tierra;* que para siempre quitaría el pecado, la muerte,
el sufrimiento, la pobreza y las aflicciones. Creían que el Mesías
vendría a la Tierra, y al hacerlo traería el Cielo a la Tierra. El
Mesías haría que la voluntad de Dios se hiciera en la Tierra como
se hace en el Cielo.

Algunos creyentes se imaginan que estas promesas están limi-
tadas a lo que se llama el reino del Milenio. Pero aunque esas

promesas tal vez hablan *algunas veces* del Milenio, de hecho hablan de mucho más: la Nueva Tierra.

Apocalipsis 20 se refiere seis veces al Milenio, describiéndolo de esta forma:

- El diablo será encadenado por mil años (v. 2);
- Las naciones no serán engañadas por mil años (v. 3);
- Los mártires volverán a vivir y reinarán con Cristo por mil años (v. 4).
- El resto de los muertos no vuelven a vivir hasta después de que han terminado los mil años (v. 5).
- Los santos serán sacerdotes y reyes por mil años (v. 6).
- Satanás será liberado al final de los mil años, e incitará una rebelión humana final contra Dios (vv. 7-8)

Los teólogos difieren en cuanto a si el Milenio debería ser entendido como un reino literal de mil años, y sobre cuándo ocurrirá en relación a la segunda venida de Cristo.

Algunos creen que el Milenio está ocurriendo ahora mientras el pueblo de Cristo reina con él en el Cielo presente. Otros creen que el Milenio será un reino literal en la Tierra presente, una era final de paz y prosperidad bajo el gobierno de Cristo. Creen que todavía habrá algunas muertes y pecado, aunque mucho menos que ahora, y que habrá una rebelión humana final contra Cristo. Entonces, después de que el juicio final sea completado, Dios finalmente renovará los cielos y la Tierra, después de lo cual no habrá pecado ni sufrimiento ni muerte.

Yo he asistido a universidades que enseñan un Milenio literal, y tiendo a abrazar ese punto de vista, aunque he estudiado y entiendo los méritos de las otras perspectivas. Pero los creyentes pueden estar en desacuerdo en cuanto al Milenio y estar de completo acuerdo en cuanto a la Nueva Tierra. La pregunta sobre el Milenio se relaciona a si la primera Tierra terminará pronto después del retorno de Cristo, o mil años más tarde, después del fin del Milenio. Pero sin tener en cuenta cuándo termina la primera Tierra, el hecho central es este: *La Nueva Tierra comenzará y durará para siempre.* La Biblia es enfática en cuanto a que el reino final de Dios y nuestro hogar final *no* será en la primera Tierra sino en la Nueva Tierra, donde finalmente el diseño original de Dios será realizado y disfrutado *para siempre* —no sólo por mil años.

Cristo dice que grabará su propio nombre sobre los vencedores, como así también "el nombre de mi Dios y el nombre de la Nueva Jerusalén, ciudad de mi Dios, la que baja del cielo de parte de mi Dios" (Apocalipsis 3:12). Tanto Dios (la persona) como la Nueva Jerusalén, la ciudad de Dios (el lugar), son nombrados como una forma principal de identificar (nombrar) a los seguidores de Jesús. Nuestra propia identidad se encuentra ligada al lugar de nuestro destino: la Nueva Jerusalén, en la Nueva Tierra.

Después de decir que la humanidad se levantaría del polvo de la tierra (Daniel 12:2-3), Dios le promete a Daniel: "Te levantarás para recibir tu heredad al fin de los días" (Daniel 12:13, RV60). Una heredad involucra tierra, un lugar donde viven y administran los seres humanos. La Nueva Tierra es la Tierra Prometida final. Será la eterna Tierra Santa en la cual vivirán todos los redimidos de Dios.

¿Anhela usted una herencia indestructible en la Nueva Tierra?

Señor, tú eres la herencia más grande, pero también te agradecemos por nuestra herencia venidera de un territorio real, un lugar grande llamado la Nueva Tierra. Gracias porque lo disfrutaremos eternamente, nos disfrutaremos los unos a los otros, y te disfrutaremos a ti. Gracias porque vamos a realizar tu deseo al gobernar sobre ese gran territorio. Ayúdanos a vivir hoy como tus siervos humildes . . . como los mansos que un día heredarán la Tierra.

EL REINO DE LOS REINOS

Se le dio autoridad, poder y majestad. ¡Todos los pueblos, naciones y lenguas lo adoraron! ¡Su dominio es un dominio eterno, que no pasará, y su reino jamás será destruido! — DANIEL 7:14

En el reino mesiánico, los mártires reclamarán el mundo como la posesión que les negaron sus perseguidores. Finalmente reinarán en la creación en la cual sufrieron esclavitud.[56]
— IRENEO

Dios creó a Adán y Eva para que fueran rey y reina sobre la Tierra. Su trabajo era gobernar la tierra para la gloria de Dios.

Adán y Eva fracasaron.

Jesucristo es el segundo y último Adán, y la iglesia es su esposa, la segunda Eva. Cristo es el Rey; la iglesia es su reina. Él ejercerá dominio sobre todas las naciones de la tierra: "Que domine el rey de mar a mar, desde el río Éufrates hasta los confines de la tierra. . . . Que ante él se inclinen todos los reyes; ¡que le sirvan todas las naciones!" (Salmo 72:8, 11). Como la nueva cabeza de la raza humana, Cristo finalmente logará lo que se le confió a Adán y

Eva —con su amada gente como su esposa y cogobernadores. Los santos de Dios van a llevar a cabo en la Nueva Tierra el papel que Dios les asignó en primer lugar a Adán y Eva en la primera Tierra: "Y reinarán por los siglos de los siglos" (Apocalipsis 22:5).

Los reinos humanos se levantarán y caerán hasta que Cristo establezca en la Tierra un reino en el cual la humanidad gobierne en justicia. Daniel profetizó: "En los días de estos reyes el Dios del cielo establecerá un reino que jamás será destruido ni entregado a otro pueblo, sino que permanecerá para siempre y hará pedazos a todos estos reinos" (Daniel 2:44).

Al igual que Cristo será el Rey de reyes, el lugar donde reine será el Reino de los reinos —el reino más grande de la historia humana. Sí, la *historia humana,* porque nuestra historia no terminará con el retorno de Cristo o cuando seamos trasladados a la Nueva Tierra; continuará para siempre, para la gloria de Dios.

"Alégrate mucho. . . . Mira, tu rey viene hacia ti, justo, salvador y humilde. Viene montado en un asno, en un pollino, cría de asna. . . . Proclamará paz a las naciones. Su dominio se extenderá de mar a mar, ¡desde el río Éufrates hasta los confines de la tierra!" (Zacarías 9:9-10). Mateo 21:5 deja claro que la profecía de Zacarías se refiere al Mesías. Al igual que la primera parte de la profecía fue cumplida literalmente cuando Jesús entró a Jerusalén montado en un asno, deberíamos esperar que la segunda parte será cumplida literalmente cuando Jesús traiga paz a las naciones y las gobierne a todas ellas. Jesús regresará a la Tierra como "Rey de reyes y Señor de señores" (Apocalipsis 19:11-16). Se nos promete que "el Señor reinará sobre toda la tierra" (Zacarías 14:9).

Los judíos del primer siglo que creían en la Biblia no fueron necios en cuanto a creer que el Mesías sería Rey en la Tierra. Se equivocaron en cuanto a la identidad del Mesías cuando rechazaron a Cristo, y estaban errados en cuanto a pasar por alto su necesidad de venir como un siervo sufriente para redimir al mundo; pero estaban *en lo cierto* al creer que el Mesías gobernaría la Tierra. ¡Y la gobernará!

En sus parábolas, Jesús habla de que gobernaremos sobre ciudades (Lucas 19:17). Pablo trata el tema de que los creyentes gobernarán como si fuera un curso de teología básico: "¿Acaso no saben que los creyentes juzgarán [o gobernarán] al mundo? ... ¿No saben que aun a los ángeles los juzgaremos [o gobernaremos]?" (1 Corintios 6:2-3). La conjugación del verbo en esta pregunta implica que no los juzgaremos simplemente una vez, sino que los gobernaremos continuamente.

Si Pablo habla de este futuro como si fuera algo que todo niño debería saber, ¿por qué les resulta tan extraño a los creyentes de hoy en día? En otro lugar él dice: "Si resistimos, también reinaremos con él" (2 Timoteo 2:12). El decreto de Dios de que sus siervos "reinarán por los siglos de los siglos" en la Nueva Tierra (Apocalipsis 22:5) es un cumplimiento directo de la comisión que les dio a Adán y Eva: "Sean fructíferos y multiplíquense; llenen la tierra y sométanla; dominen a los peces del mar y a las aves del cielo, y a todos los reptiles que se arrastran por el suelo" (Génesis 1:28).

David confirma para toda la humanidad este gran mandamiento original que Dios les dio a Adán y Eva: "Lo entronizaste sobre la obra de tus manos, todo lo sometiste a su dominio" (Salmo 8:6).

El reino de la humanidad en la Tierra se presenta en los primeros capítulos de la Biblia, se menciona a través del Antiguo Testamento, Jesús habla de él en los evangelios, Pablo en las epístolas y Juan lo repite en los capítulos finales de la Biblia; se nos dice que el propósito y el destino que Dios nos dio es gobernar la Tierra.

Dios desea prepararlo a usted ahora para lo que hará para siempre. Como cualquier atleta, soldado o granjero le dirá, la preparación no siempre es fácil. Pero es necesaria, y las recompensas son enormes. Nuestro papel como gobernadores del reino no es automático —Dios ha hecho que dependa de nuestro servicio fiel aquí y ahora.

¿Está listo para gobernar la Nueva Tierra? ¿No? Está bien. El plan de Dios es moldear su vida para que esté listo. ¿Está cooperando con el plan de Dios, sometiéndose a su enseñanza y aprendiendo a clamar pidiéndole su fortaleza y sabiduría?

Gracias, Señor, que como portadores de tu imagen, todavía somos capaces de darte gloria, aun en un mundo que está tan torcido. Gracias porque tu propósito y llamado para nosotros no han cambiado. Gracias porque estás preparando un mundo para que lo gobernemos, y porque nos estás preparando a nosotros para gobernarlo, para tu eterna gloria. Ayúdanos, Señor, para que nunca pensemos que no tenemos un papel en tu plan para nuestras vidas. Ayúdanos a cumplir nuestras responsabilidades y a ejercitar las disciplinas espirituales de la meditación, la oración, el ayuno, el dar y servir a otros, para que podamos ser la clase hijos y siervos que a ti te agrada elogiar y recompensar.

NOS ENCANTARÁ SER PARTE DE ESE GOBIERNO

Yo mismo les concedo un reino, así como mi Padre me lo concedió a mí, para que coman y beban a mi mesa en mi reino, y se sienten en tronos para juzgar a las doce tribus de Israel. — LUCAS 22:29-30

Un lugar en el orden creativo de Dios ha sido reservado para cada uno de nosotros desde antes de los comienzos de la existencia cósmica. El plan de Dios para nosotros es desarrollarnos, como aprendices de Jesús, al punto en que podamos tomar nuestro lugar en la continua creatividad del universo.[57]
— DALLAS WILLARD

La historia central de la Biblia se desarrolla alrededor de una pregunta: ¿Quién va a reinar sobre la Tierra? El destino de la Tierra está en el aire. Debido a que es en ese reino donde la gloria de Dios ha sido más desafiada y resistida, es por lo tanto también el escenario donde su gloria será demostrada más gráficamente. Al reclamar, restaurar, renovar y resucitar a la Tierra —y al darle poder a una humanidad regenerada para reinar sobre ella— Dios logrará su propósito de traer gloria a sí mismo.

Los seres humanos justos, quienes al principio Dios había entronado para reinar sobre la Tierra desde el Edén, y quienes luego fueron destronados por su propio pecado y por Satanás, van a ser puestos otra vez en el trono para siempre con Dios. "Y reinarán por los siglos de los siglos" (Apocalipsis 22:5).

Al escuchar por primera vez que la humanidad reinará sobre la Tierra, muchas personas me han dicho que se sienten incómodas con esa idea. Suena presuntuoso y vanidoso. Si fuera *nuestra* idea reinar sobre el universo, en realidad sería presuntuoso, aun blasfemo. Pero *no* fue nuestra idea, fue idea de Dios. Y no es una doctrina menor o periférica; se encuentra en el mismo corazón de las Escrituras.

El propósito y el plan de Dios no se lograrán totalmente hasta que Cristo nos confiera el reino que ha ganado. Esto tendrá lugar después de nuestra resurrección corporal, cuando comeremos y beberemos con el Cristo resucitado en una Tierra resucitada. Jesús dijo: "Yo mismo les concedo un reino, así como mi Padre me lo concedió a mí, para que coman y beban a mi mesa en mi reino, y se sienten en tronos para juzgar a las doce tribus de Israel" (Lucas 22:29-30).

Esta es una declaración asombrosa. ¿Cristo ha concedido a sus apóstoles un reino? ¿Un *reino*? Los apóstoles reinarán con más prominencia, pero las Escrituras dejan bien claro que Cristo hará gobernantes de todos los que lo sirven con humildad y fidelidad aquí y ahora:

"Su Señor le respondió: '¡Hiciste bien, siervo bueno y fiel! En lo poco has sido fiel; te pondré a cargo de mucho más'" (Mateo 25:21).

"Si resistimos, también reinaremos con él" (2 Timoteo 2:12).

Como creyentes, hemos nacido en la familia de un terrateniente increíblemente rico. Nuestro Padre tiene un negocio familiar que se extiende a través de todo el universo. Él nos confiará la administración de su negocio familiar a nosotros, sus herederos, y eso es lo que haremos por toda la eternidad: administrar las posesiones de Dios y gobernar su universo, representándolo como sus hijos, los que llevan su imagen y sus embajadores.

Sin embargo, muchas personas me han dicho: "Pero no *quiero* gobernar. Esa no es mi idea del Cielo."

Bueno, es la idea de *Dios*. ¿Qué idea cree usted que es mejor, la suya o la de Dios? Somos parte de la familia de Dios, y es una familia real, porque él es el Rey. Gobernar el universo es el negocio familiar. El no querer parte en gobernar el reino es no querer parte de nuestro Padre. Puede sonar espiritual decir que no queremos gobernar, pero debido a que Dios es quien quiere que gobernemos, la respuesta verdaderamente espiritual es estar interesados y aceptar sus planes y propósitos.

¿A quiénes gobernaremos? A otras personas. A los ángeles. Si Dios lo desea, él podría crear nuevos seres para que los gobernáramos. ¿Quiénes gobernarán sobre nosotros? Otras personas. Eso puede ir contra la corriente de nuestros valores y suposiciones de que en el Cielo todo será igual para todos, pero no obstante es verdad.

Habrá una jerarquía social de gobierno, pero no hay indicación de una jerarquía *relacional*. No habrá orgullo, envidia, vanagloria ni cosa alguna relacionada al pecado. Las diferencias en nuestras responsabilidades serán una manifestación de la creatividad de Dios, y también como recompensa por nuestro servicio fiel aquí y ahora. Así como somos diferentes en cuanto a raza, nacionalidad, sexo, personalidad, dones y pasiones, también seremos diferentes en cuanto a posiciones de servicio. La Biblia nos enseña que Dios va a evaluar nuestro servicio para él en la Tierra para determinar cómo lo serviremos en la Nueva Tierra. El siervo humilde será puesto a cargo de mucho, mientras que al que señorea sobre otros en el mundo presente se le quitará poder: "Todo el que a sí mismo se enaltece, será humillado, y el que se humilla será enaltecido" (Lucas 14:11). Si servimos fielmente en la Tierra presente, Dios nos dará posiciones administrativas permanentes en la Nueva Tierra. "El que es honrado en lo poco, también lo será en lo mucho" (Lucas 16:10).

Estamos acostumbrados a asociar gobernar con personas arrogantes que se promueven a sí mismas, con corrupción, injusticia e ineficiencia. Pero esas son perversiones, no propiedades inherentes del liderazgo. Imagínese una responsabilidad, un servicio y un liderazgo que son puro gozo. Por supuesto que no todas las posiciones de responsabilidad involucran a personas. Adán y Eva gobernaron a los animales antes que hubiera otras personas. A algunos de nosotros se nos podría conferir el privilegio de cuidar animales. Tal vez algunos cuidemos bosques. Es probable que gobernar involucre la administración de toda la creación de Dios, no sólo de las personas.

Tal vez Dios nos ofrezca una elección, que tenga relación con nuestro servicio para él en la Tierra, sobre el lugar en que queramos servirle en la Nueva Tierra. En cualquier caso, podemos estar seguros de que haremos algo que disfrutamos hacer, porque en la Nueva Tierra querremos lo que Dios quiere.

Además, no habrá más escepticismo ni desilusión en cuanto al gobierno. ¿Por qué? Porque todos seremos gobernados por personas que son como Cristo, y todos estaremos bajo el maravilloso gobierno de Cristo, que es un gobierno lleno de gracia. Nos regocijaremos para siempre porque "se extenderán su soberanía y su paz, y no tendrán fin" (Isaías 9:7).

¿Suena este como un gobierno del que usted quiere ser parte?

Padre, gracias porque nos espera un gobierno perfecto, uno del cual siempre estaremos agradecidos y del que siempre estaremos orgullosos. Aunque seamos patriotas y ciudadanos orgullosos de nuestras naciones terrenales presentes, recuérdanos que nuestra verdadera ciudadanía está en el Cielo. Recuérdanos que un día viviremos en un planeta realmente unido en el cual todas las naciones compartirán devoción y lealtad a Jesús, el Rey de reyes y Señor de señores. Dios, danos poder para afirmar nuestra lealtad a ti hoy, en nuestros hogares, lugares de trabajo, escuelas y vecindarios. Que seamos encontrados fieles, y que un día escuchemos esas maravillosas palabras: "Bien, buen siervo y fiel . . . entra en el gozo de tu señor."[58]

EL LUGAR DONDE REINARÁN LOS BOTONES Y LAS LIMPIADORAS

Al que salga vencedor le daré el derecho de sentarse
conmigo en mi trono, como también yo vencí y me senté
con mi Padre en su trono. — APOCALIPSIS 3:21

*Si Baltimore o Liverpool me fueran dadas para gobernar, con
poder para hacer lo que yo quisiera, ¿cómo resultarían las cosas?
Una respuesta honesta a esta pregunta podría hacer mucho
para prepararnos para nuestro futuro eterno en este universo.*[59]
— DALLAS WILLARD

Cuando les hablo a las personas acerca del Cielo, a menudo
se sorprenden cuando se enteran de que por toda la eternidad reinaremos sobre ciudades, naciones y territorios. Muchas son
escépticas, porque piensan que suena poco realista o simplemente
equivocado.

Nada demuestra lo lejos que nos hemos apartado de nuestra
comprensión de la verdad bíblica como nuestra falta de conocimiento acerca de nuestro destino de gobernar la Tierra. ¿Por
qué estamos tan sorprendidos acerca de algo de lo cual se habla

a través de las Escrituras? Parte de la razón puede ser que hemos fallado en cuanto a entender pasajes clave, aun pasajes que nos son familiares, incluyendo algunos que hemos aprendido de memoria. Por ejemplo, ¿está consciente usted de que junto con los tronos, las coronas son un símbolo bíblico principal de gobernar? Así que toda mención de coronas como recompensa habla de nuestro destino de gobernar con Cristo. Considere los ejemplos de un pequeño pasaje de las Escrituras, Apocalipsis 2–5. Note las referencias a coronas, tronos y reinar:

"Sé fiel hasta la muerte, y yo te daré la corona de la vida" (2:10).

"Al que salga vencedor y cumpla mi voluntad hasta el fin, le daré autoridad sobre las naciones" (2:26).

"Vengo pronto. Aférrate a lo que tienes, para que nadie te quite la corona" (3:11).

"Al que salga vencedor le daré el derecho de sentarse conmigo en mi trono, como también yo vencí y me senté con mi Padre en su trono" (3:21).

"Los veinticuatro ancianos se postraban ante él y adoraban. . . . Y rendían sus coronas delante del trono" (4:10).

"Con tu sangre compraste para Dios gente de toda raza, lengua, pueblo y nación. De ellos hiciste un reino; los hiciste sacerdotes al servicio de nuestro Dios, y reinarán sobre la tierra" (5:9-10).

¿Quiénes dice Dios que reinarán? Representantes de toda raza, lengua, pueblo y nación. ¿Dónde reinarán? En la Tierra, el lugar donde la gente fue hecha para morar. ¿Dónde en la Tierra? Es probable que con gente de su propia raza, lengua y nación, porque las Escrituras nos dicen explícitamente que los distintivos nacionales todavía existirán en la Nueva Tierra (Apocalipsis 21:24, 26; 22:2).

A los que salgan de la Gran Tribulación se los recompensará especialmente dándoles un lugar "delante del trono de Dios," donde día y noche le servirán "en su templo" (Apocalipsis 7:14-15). Fíjese que el Maestro recompensa a sus siervos fieles no quitándoles responsabilidades, sino dándoles responsabilidades mayores.

El servicio es una recompensa, no un castigo. Esta idea les resulta extraña a las personas que no les gusta su trabajo y sólo lo soportan hasta que se jubilan. Algunos piensan que el trabajo fiel debería ser compensando con una vacación para el resto de la vida. Pero Dios nos ofrece algo diferente: más trabajo, más responsabilidades, y un aumento de oportunidades, junto con mayores habilidades, recursos, sabiduría y capacitación (mentes agudas, cuerpos fuertes, propósito claro y gozo sin fin). Cuanto más sirvamos a Cristo ahora, tanto más grande será nuestra capacidad de servirlo en el Cielo.

¿Se les dará la oportunidad a todos para reinar en el nuevo universo? El apóstol Pablo dice que las recompensas eternas están disponibles "no sólo a mí, sino también a todos los que con amor hayan esperado su venida" (2 Timoteo 4:8). La palabra *todos* es alentadora. Si le somos fieles, él nos recompensará.

"El Señor recompensará a cada uno por el bien que haya hecho, sea esclavo o sea libre" (Efesios 6:8). La expresión *cada uno* también es alentadora. No serán sólo unos pocos seleccionados los que van a ser recompensados. Ya sea que nos ponga a cargo de mucho o de poco, Dios nos recompensará con gracia y justicia.

¿Debería emocionarnos que Dios nos recompensará haciéndonos gobernadores en su reino? Por supuesto que sí. Jesús dijo: "Alégrense y llénense de júbilo, porque les espera una gran recompensa en el cielo" (Mateo 5:12).

Dios elegirá a los que gobiernen como reyes, y creo que nos esperan grandes sorpresas. Cristo nos da claves en las Escrituras en cuanto a la clase de persona que elegirá: "Dichosos los pobres en espíritu, porque el reino de los cielos les pertenece. . . . Dichosos los humildes, porque recibirán la tierra como herencia. . . . Dichosos los perseguidos por causa de la justicia, porque el reino de los cielos les pertenece" (Mateo 5:3, 5, 10). También: "Dios se opone a los orgullosos, pero da gracia a los humildes. Humíllense, pues, bajo la poderosa mano de Dios, para que él los exalte a su debido tiempo" (1 Pedro 5:5-6).

Mire a su alrededor para ver a los humildes. Pueden incluir a los que barren las calles, a los que ayudan a los cerrajeros, a los conductores de autobuses, o a las mamás que no trabajaban fuera del hogar y que pasan sus días cambiando pañales, lavando la ropa, preparando almuerzos, secando lágrimas y llevando niños al colegio.

Una vez le regalé uno de mis libros a un botones encantador de un hotel en la ciudad de Atlanta. Descubrí que era un creyente comprometido. Me dijo que había estado orando por nuestro grupo de escritores, el cual había estado celebrando una conferencia en ese hotel. Más tarde, le hice un pequeño regalo. Él pareció sorprendido, sobrecogido. Con lágrimas en los ojos me dijo: "Usted no necesitaba hacer eso. Soy solamente un botones." En el instante en que dijo esas palabras me di cuenta de que este hermano había pasado toda su vida sirviendo a otras personas. Es probable que en el reino de Dios yo tenga el privilegio de servir bajo alguien como ese hombre. Él fue "solamente un botones" que habló con cordialidad y amor, que sirvió, que oró calladamente sin ser notado, por el éxito de una conferencia de escritores cristianos en su hotel, el lugar donde servía. Vi a Jesús en ese portero, y no había nada de "solamente" en cuanto a él.

¿Quiénes serán los reyes en la Nueva Tierra? Yo creo que ese botones va a ser uno de ellos. Y yo me sentiré muy honrado de llevar sus maletas.

Fíjese detenidamente en las personas que están a su alrededor hoy, y pregúntese cuáles de ellas tal vez un día serán reyes y reinas en la Nueva Tierra.

Señor, gracias porque podemos vislumbrar tu liderazgo como siervo en aquellos que están a nuestro alrededor, a menudo personas que nuestra sociedad consideraría "inferiores" a nosotros. Gracias porque vamos a tener el privilegio de servir bajo la autoridad de esas personas que se han probado en esta vida sirviéndote a ti y a otros con humildad y gracia. Qué gozo será servirte bajo ellos.

LA NUEVA TIERRA: UN EDÉN MEJOR

El yermo se gozará y florecerá como la rosa.

— ISAÍAS 35:1, RV60

En el sentido más exacto, los peregrinos cristianos tienen lo
mejor de ambos mundos. Tenemos gozo cada vez que este
mundo nos recuerda el próximo, y nos consolamos cada vez que
no lo hace.
— C. S. LEWIS

Para captar un vistazo del Cielo, no tenemos que hacer un viaje metafísico. Lo único que necesitamos hacer es mirar detenidamente la Tierra e imaginarnos lo que una vez fue y, por lo tanto, lo que un día será otra vez. También podemos mirar detenidamente a la gente, incluyéndonos a nosotros mismos, e imaginarnos cómo fue la *humanidad* una vez, y cómo seremos un día.

La Tierra presente, con todas sus maravillas naturales, nos da un anticipo y un vistazo de lo que será la Nueva Tierra sin la profanación de la Caída. Las personas, incluyéndonos a nosotros mismos, nos dan una vislumbre de cómo será la humanidad en la Nueva Tierra sin la corrupción del pecado. Nuestras vidas, incluyendo nuestra sociedad y cultura, nos dan un anticipo y una vislumbre de lo que será la nueva vida sin la contaminación del pecado.

Cada gozo en la Tierra —incluyendo el gozo de reunirnos— es un indicio, un susurro de mayor gozo. El Gran Cañón de Arizona, los Alpes, los bosques tropicales del Amazonas y las llanuras Serengeti de Tanzania son sólo esbozos de la Nueva Tierra.

Durante toda la vida hemos estado soñando con la Nueva Tierra. Cada vez que vemos belleza en el agua, el viento, las flores, los cervatillos, el hombre, la mujer o un niño, estamos captando un vistazo del Cielo. Al igual que el Edén, la Nueva Tierra será un lugar de deleite de los sentidos, belleza que quita el aliento, relaciones satisfactorias y gozo personal.

Al igual que el Edén es nuestro punto de referencia cuando miramos hacia atrás, la Nueva Tierra es nuestro punto de referencia cuando miramos hacia adelante. Deberíamos esperar que la Nueva Tierra fuera como el Edén, pero mejor. Eso es exactamente lo que nos prometen las Escrituras:

"Sin duda, el Señor consolará a Sión; consolará todas sus ruinas. Convertirá en un Edén su desierto; en huerto del Señor sus tierras secas. En ella encontrarán alegría y regocijo, acción de gracias y música de salmos" (Isaías 51:3).

"Entonces se dirá: Esta tierra, que antes yacía desolada, es ahora un jardín de Edén; las ciudades que antes estaban en ruinas, desoladas y destruidas, están ahora habitadas y fortalecidas" (Ezequiel 36:35).

"En vez de zarzas, crecerán cipreses; mirtos, en lugar de ortigas" (Isaías 55:13).

Nosotros nunca hemos visto a los hombres y a las mujeres como fueron hechos para ser. Nunca hemos visto animales como eran antes de la Caída. Sólo vemos remanentes dañados de lo que una vez fue. De la misma manera, nunca hemos visto a la naturaleza liberada y sin merma. Sólo la hemos visto maldita y en decadencia. Y sin embargo ahora vemos mucho que nos agrada y nos deleita, moviendo nuestro corazón a la adoración.

Si el lado de abajo del Cielo, el revés del tapiz, por decirlo así, puede ser tan hermoso, ¿cómo será el otro lado? Si los arruinados residuos que quedan de una Tierra bajo la Maldición son tan magníficos, ¿cómo será la Tierra cuando sea restaurada y aun mejorada a algo mucho más grande?

C. S. Lewis y J. R. R. Tolkien vieron la verdad central en las antiguas mitologías. En sus libros nos presentan una vislumbre de personas, animales y árboles que están llenos de vitalidad. Lewis y Tolkien se dieron cuenta de que "Las fábulas paganas eran recuerdos empañados y distorsionados del Edén."[60]

En su libro titulado *La Última Batalla*, C. S. Lewis presenta a la joven Lucía cuando lamenta la pérdida de Narnia, un mundo maravilloso que ella asumió que había sido destruido para siempre. Alhaja el unicornio también se lamenta, llamando a Narnia "el único mundo que jamás he conocido."

Aunque Lucía y sus amigos están en el umbral del país de Aslan (el Cielo), ella todavía mira hacia atrás a Narnia y siente una profunda pérdida:

De repente el Águila Largavista . . . aterrizó.

—Reyes y Reinas —gritó—, hemos estado todos ciegos. . . . Narnia no ha muerto. Esta es Narnia.

—¿Pero cómo puede ser? —dijo Pedro. . . .

—Sí —dijo Eustaquio—. . . . Vimos todo destruido y el sol en su ocaso.

—Y todo es tan diferente —comentó Lucía.

—El Águila tiene razón —dijo el Señor Dígory—. Escucha, Pedro. Cuando Aslan dijo que ustedes no regresarían nunca a Narnia, se refería a la Narnia en que tú pensabas. Pero esa no era la verdadera Narnia. Esa tenía un principio y un fin. Era sólo la sombra o la copia de la verdadera Narnia, que siempre ha estado aquí y siempre estará aquí: igual que nuestro mundo, Inglaterra y todo lo demás, es sólo una sombra o una copia de algo en el verdadero mundo de Aslan. No tienes que llorar por Narnia, Lucía. Todo lo que importaba de la antigua Narnia, todas las queridas criaturas, ha sido traído a la verdadera Narnia a través de la puerta. Y por supuesto que es diferente; tan diferente como lo es una cosa real de una sombra o como el estar despierto lo es de un sueño. . . .

La diferencia entre la antigua Narnia y la nueva Narnia era así. La nueva era una tierra más profunda: cada roca y cada flor y cada brizna de pasto parecía significar más. No puedo describirla mejor que eso. Si algún día llegas a ella, entenderás lo que quiero decir.

Fue el Unicornio el que resumió lo que cada cual sentía. Golpeó el suelo con su casco delantero derecho, relinchó y luego gritó:

"¡He llegado a casa por fin! ¡Esta es mi verdadera patria! Aquí es donde pertenezco. Esta es la tierra que he estado buscando toda mi vida, aunque nunca lo supe hasta ahora. La razón por la cual amamos a la antigua Narnia es que a veces se parecía un poquito a ésta."[61]

C. S. Lewis captó la teología bíblica de la primera y de la Nueva Tierra, y de la continuidad entre ellas, mejor que cualquier teólogo de los que yo he leído. ¿Se da cuenta usted de su mensaje? Nuestro mundo es un lugar de Tierras Irreales, una copia de lo que fuera una vez (el Edén), y aún será (la Nueva Tierra). Todo lo de la primera Tierra que tiene importancia será llevado al Cielo.

Basado en lo que nos dicen las Escrituras, yo creo que lo que C. S. Lewis se imagina es posible, aun probable. En la Nueva Tierra veremos la Tierra *verdadera*, lo que incluye las cosas buenas, no sólo de la creación natural de Dios, sino también de la expresión creativa del hombre para la gloria de Dios. En la Nueva Tierra ninguna cosa buena será destruida.

¿Cuáles son algunas cosas buenas de este mundo y de su propia vida que Dios podría llevar a la Nueva Tierra?

Padre, nos regocijamos en tu promesa de que restaurarás lo mejor del Edén en este planeta que sufre. Gracias porque consolarás a Sión, y confortarás todos los lugares desolados. Gracias porque harás que el desierto sea como el Edén y convertirás sus tierras secas en huerto del Señor. Gracias porque "en ella encontrarán alegría y regocijo, acción de gracias y música de salmos."62 Qué maravilloso será escuchar decir a tu pueblo: "Esta tierra, que antes yacía desolada, es ahora un jardín de Edén."63 Nos regocijaremos cuando veamos ese día. Ayúdanos a regocijarnos hoy mientras lo anticipamos.

¿ANIMALES EN LA NUEVA TIERRA?

Yo establezco mi pacto con ustedes, con sus descendientes, y con todos los seres vivientes que están con ustedes, es decir, con todos los seres vivientes de la tierra que salieron del arca: las aves, y los animales domésticos y salvajes.

— GÉNESIS 9:9-10

Toda la creación bruta entonces, sin duda, será restaurada, no sólo al vigor, fortaleza y velocidad que tuvieron en su creación, sino a un grado mucho más alto del que jamás disfrutaron.[64]

— JOHN WESLEY

Isaías 11:6-9 habla de un tiempo glorioso en la Tierra:

El lobo vivirá con el cordero, el leopardo se echará con el cabrito, y juntos andarán el ternero y el cachorro de león, y un niño pequeño los guiará. La vaca pastará con la osa, sus crías se echarán juntas, y el león comerá paja como el buey. Jugará el niño de pecho junto a la cueva de la cobra, y el recién destetado meterá la mano en el nido de la víbora. No harán ningún daño ni estrago en todo mi monte santo, porque rebosará la tierra con el conocimiento del SEÑOR como rebosa el mar con las aguas.

Algunos intérpretes restringen este pasaje al Milenio, pero Isaías anticipa un reino de Dios *eterno* en la Tierra. Isaías 65:17 y 66:22 hablan específicamente de la Nueva Tierra. Entremedio de estos pasajes, en Isaías 65:25, hay una referencia muy similar a la que se encuentra en Isaías 11: "'El lobo y el cordero pacerán juntos; el león comerá paja como el buey. . . . En todo mi monte santo no habrá quien haga daño ni destruya,' dice el SEÑOR."

¿Cuándo *no habrá más daño* en la Tierra? No en la primera Tierra, ni siquiera durante el Milenio, el cual terminará en rebelión, guerra, juicio y muerte. Sólo en la Nueva Tierra *no habrá más daño*. Por cierto que Dios nos dice que no habrá más pecado, muerte o sufrimiento (Apocalipsis 21:4). Estas descripciones de animales habitando pacíficamente la Tierra *pueden* tener una aplicación a un reino del Milenio en la primera Tierra, pero su referencia primaria parece ser al reino eterno de Dios, en el cual los hombres y los animales disfrutarán de una Tierra redimida.

¿Cuál fue el diseño original de Dios para la Tierra? No necesitamos formularnos preguntas. "Dios hizo los animales domésticos, los animales salvajes, y todos los reptiles, según su especie. Y Dios consideró que esto era bueno" (Génesis 1:25).

"Entonces Dios el SEÑOR formó de la tierra toda ave del cielo y todo animal del campo" (Génesis 2:19). Sólo los seres humanos y los animales fueron formados de la tierra. Dios los hizo a mano, vinculándonos a la Tierra y los unos a los otros.

Cuando Dios sopló hálito de vida en el cuerpo de Adán, el cual había sido formado de la tierra, Adán se convirtió en *nephesh*, "un ser viviente" (Génesis 2:7). Notablemente, la misma palabra, *nephesh*, se usa para los animales, al igual que se usa para la gente —a *ambos* se les da el hálito de vida (Génesis 1:30; 2:7; 6:17; 7:15,

22). La palabra *nephesh* se traduce a menudo como "ser viviente" o "alma." *Nephesh* incluye el principio vivificante que Dios pone en los cuerpos de los animales y de los seres humanos.

No me entienda mal. Los seres humanos y los animales son muy diferentes, y *en ningún sentido son iguales*. El punto es simplemente que compartimos similitudes significantes como seres vivientes creados por Dios. La parte inmaterial de los seres humanos continúa viviendo después de la muerte, mientras que en los animales tal vez no. (Por supuesto que esto no impediría que Dios re-creara a los animales si quisiera hacerlo.) Sin embargo, para hacerle justicia a las Escrituras, debemos reconocer que de la gente y de los animales se dice algo único —son seres vivientes. El hecho de que Dios tiene un plan futuro para ambos, la humanidad y la Tierra, sugiere con firmeza que él también tiene un plan futuro para los animales. Las palabras de Dios a Noé en referencia a la primera "nueva tierra" (después del diluvio), apoyan esta idea:

"Haz que entre en el arca una pareja de todos los seres viviente, es decir, un macho y una hembra de cada especie, para que sobrevivan contigo. Contigo entrará también una pareja de cada especie de aves, de ganado y de reptiles, para que puedan sobrevivir" (Génesis 6:19-20).

Los animales fueron dados como compañeros y ayudantes del hombre, y los seres humanos debían gobernar a los animales con bondad. Dios no sólo preservó a los animales del Diluvio, sino que notablemente, también los incluyó en su nuevo pacto. Fíjese en el énfasis repetido en los animales:

"'Yo establezco mi pacto con ustedes, con sus descendientes, y *con todos los seres vivientes* que están con ustedes, es decir, *con todos los seres vivientes* de la tierra que salieron del arca: *las aves, y los animales domésticos y salvajes* . . . nunca más habrá un diluvio que destruya la tierra.'

"Y Dios añadió: 'Ésta es la señal del pacto que establezco para siempre con ustedes y *con todos los seres vivientes* que los acompañan. . . . Me acordaré del pacto que he establecido con ustedes y *con todos los seres vivientes.* . . . Cada vez que aparezca el arco iris entre las nubes, yo lo veré y me acordaré del pacto que establecí para siempre con todos los seres vivientes que hay sobre la tierra.' Dios concluyó diciéndole a Noé: 'Éste es el pacto que establezco con todos los seres vivientes que hay en la tierra'" (Génesis 9:9-17, itálicas añadidas).

El plan de Dios para una Tierra renovada después del Diluvio enfáticamente involucra a los animales. De igual forma, ¿no esperaríamos que su plan para una Tierra renovada después del futuro juicio incluyera a los animales?

En 2 Pedro 3:5-7, vemos un paralelo directo entre el juicio pasado de Dios con agua sobre la Tierra y su juicio futuro con fuego. La humanidad fue juzgada en el Diluvio, pero *Dios no limitó su rescate a la gente;* también rescató a representantes de cada especie animal para que poblaran la Tierra. Esta es una figura poderosa de lo que declara Romanos 8: que la humanidad y los animales y toda la creación están unidos, no sólo en la maldición y el juicio sino también en la bendición y en la liberación. ¿No deberíamos esperar lo mismo en el venidero juicio por fuego?

Puesto que sabemos que Dios hará la Nueva Tierra con gente

renovada y cosas renovadas como el agua, los árboles y la fruta, ¿no deberíamos esperar que él también incluyera animales renovados?

La carga de la prueba descansa no en la suposición de que los animales *serán* parte de la Nueva Tierra de Dios, sino en la suposición de que *no serán*. ¿Retendría Dios de nosotros en la Nueva Tierra lo que les dio a Adán y Eva en el Edén para su deleite, compañía y ayuda? ¿Revocaría su decisión de colocar animales en la Tierra con la gente, colocándolos bajo nuestro cuidado y gobierno? ¿O seguirá él con su diseño original?

Fíjese hoy en los animales que se cruzan por su camino. Pregúntese: ¿por qué considera el Creador a estas criaturas tan importantes como para incluirlas en su creación original y en las promesas de su pacto?

Señor, la extensión de tu plan redentor sobrepasa la capacidad de nuestra mente. Líbranos de pensar obtusamente, lo cual con mucha rapidez restringe el alcance de tu redención. En forma repetida enfatizaste que tu pacto no fue sólo con los seres humanos sino también con los animales. Ábrenos los ojos para ver la naturaleza de tu obra creativa en los animales, y su conexión esencial con la Tierra y con nosotros. Ayúdanos a anticipar la vida en la Nueva Tierra y a percibir tus atributos y deleites en tus criaturas, de formas mayores que nunca antes.

LOS ANIMALES QUE AMAMOS
TAL VEZ VIVAN DE NUEVO

La creación misma ha de ser liberada de la corrupción que
la esclaviza, para así alcanzar la gloriosa libertad de los
hijos de Dios. Sabemos que toda la creación todavía gime
a una, como si tuviera dolores de parto. Y no sólo ella, sino
también nosotros mismos . . . gemimos interiormente,
mientras aguardamos . . . la redención de nuestro cuerpo.

— ROMANOS 8:21-23

Algo mejor queda después de la muerte para estas criaturas.
. . . [Ellas] un día serán liberadas de esta esclavitud de la
corrupción, y entonces recibirán amplia compensación por todos
sus sufrimientos presentes.[65] — JOHN WESLEY

E l cómico Will Rogers dijo: "Si no hay perros en el cielo,
entonces cuando muera quiero ir adonde fueron ellos." Esta
declaración, por supuesto, se basó en los sentimientos y no en la
teología, pero refleja algo bíblico: un afecto por los animales que
ha sido dado por Dios.

A menudo le he dado gracias a Dios por mi perro cobrador

dorado, el cual, cuando yo era niño, se metía en mi saco de dormir mientras yo yacía en el patio trasero de mi casa contemplando las estrellas. Aunque en aquel entonces yo no conocía a Dios, él tocó mi vida a través de ese perro. Nanci y yo hemos experimentado muchas horas de risa y gozo con animales. Cuando nuestros hijos y nietos se han deleitado en los animales, se han deleitado en Dios, su Creador.

Cristo proclama desde su trono en la Nueva Tierra: "¡Yo hago nuevas todas las cosas!" (Apocalipsis 21:5). No es sólo la gente la que será renovada, sino la Tierra y todo lo que hay en ella. ¿Incluye a los animales "todas las cosas"? Por supuesto. Caballos, gatos, perros, ciervos, delfines y ardillas —así como la creación inanimada— se beneficiarán de la muerte y resurrección de Cristo. El énfasis de Cristo no es en hacer cosas nuevas, sino en hacer nuevas las cosas viejas. No es sobre inventar lo que no es familiar, sino restaurar y mejorar lo que es familiar. Jesús parece estar diciendo: "Voy a tomar todo lo que hice la primera vez, incluyendo la gente, la naturaleza y los animales, y la misma Tierra, y los traeré de nuevo como nuevos, mejores e indestructibles."

Romanos 8:21-23 es una declaración clara de que nuestra resurrección y la redención de nuestros cuerpos nos traerán liberación, no sólo a nosotros *sino también al resto de la creación, la cual ha estado gimiendo en su sufrimiento.* Esto presenta una pregunta obvia: ¿Quién o qué en esta creación, además de los seres humanos, gime sufriendo y está esperando la liberación? Por supuesto que la respuesta más obvia es *los animales.* Esto parece indicar que en la Nueva Tierra, después de la resurrección de la humanidad, algunos animales que una vez sufrieron se unirán a los hijos de Dios en gloriosa libertad de la muerte y la destrucción.

Si en la Nueva Tierra Dios creara seres humanos que nunca existieron antes —en vez de resucitar a personas que antes vivieron en la Tierra— ¿cumpliría eso la promesa de Romanos 8 de redención, liberación y resurrección? No. ¿Por qué? Porque para que se cumpla el pasaje, los redimidos y resucitados en el nuevo mundo *deben ser las mismas personas que sufrieron en el primer mundo.* De otra forma, el anhelo de la redención no sería cumplido.

Como va la humanidad, así van los animales. Si llevamos a su conclusión lógica el paralelo que hace Pablo entre los seres humanos y los animales gimiendo, entonces *por lo menos algunos de los animales que sufrieron en la primera Tierra deberán ser restaurados en la Nueva Tierra.*

Recuerde que no es alguna clase abstracta de animales la que gime; son animales específicos que sufren y mueren en la primera Tierra, al igual que son personas específicas las que gimen y claman por su propia resurrección —no por la de alguien más. Esto sugiere que Dios puede resucitar, o por lo menos re-crear, a ciertos animales que vivieron en la primera Tierra.

Si en realidad Dios va a re-crear algunos animales de la primera Tierra en la nueva, parece razonable preguntar si algunas de nuestras mascotas estarían incluidas.

Una vez cuando hablé en una universidad bíblica, le pedí a la audiencia que levantaran las manos si Dios había tocado profundamente las vidas de algunos de ellos por medio de un animal particular que había tenido como mascota. Noventa por ciento de los mil o más presentes levantaron la mano.

Los animales no son tan valiosos como la gente, pero Dios es todavía su Creador y ha tocado las vidas de muchas personas a través de ellos. Sería muy simple para él re-crear una mascota en la Nueva Tierra si quisiera hacerlo. Él es el *dador* de todas las cosas buenas, no *el que las quita*. Y como Padre, es mucho mejor que nosotros para dar cosas buenas a sus hijos (Mateo 7:9-11). Por cierto que si nos hiciera más felices en el Cielo, Dios estaría dispuesto a restaurar a un animal favorito, porque cuando encontramos felicidad en la creación de Dios, encontramos felicidad en él.

Dios podría hacer una de tres cosas en la Nueva Tierra con referencia a los animales: Podría (1) crear animales completamente nuevos; (2) traer a la vida animales que han sufrido en nuestro mundo presente, dándoles cuerpos inmortales (esto podría ser por la re-creación, y no necesariamente la resurrección); o (3) crear algunos animales completamente nuevos "a partir de cero" y traer a la vida algunos de los primeros animales.

Debemos ser cuidadosos para evitar errores teológicos. Debemos reconocer y afirmar las diferencias fundamentales entre los seres humanos y los animales. Es por eso que estoy evitando el término *resurrección* con respecto a los animales en la Nueva Tierra. Sin embargo, en un sentido amplio, las palabras *redención* y *resurrección* pueden aplicarse en forma apropiada no sólo a la humanidad sino también a la tierra, la vegetación y los animales. Por supuesto que un campo, una pradera, una flor o un animal resucitado en ningún sentido serían iguales a los seres humanos resucitados; es simplemente que la redención y la resurrección podrían pisarles los talones a las de la humanidad, al igual que sucedió con las consecuencias de la Caída.

En su libro titulado *El Gran Divorcio*, Lewis presenta a Sarah Smith, una mujer común y corriente en la Tierra, como grande en el Cielo. En la Tierra ella amaba tanto a la gente como a los animales. En el Cielo ella está rodeada de los mismos animales que cuidó en la Tierra. ¿Podría en realidad suceder eso? Conociendo a nuestro Dios lleno de gracia, y a los deleites que le gusta prodigar a sus amados hijos, yo no me sorprendería.

¿Ha tenido alguna vez una mascota que Dios ha usado en su vida? ¿Le ha recordado alguna vez Dios de alguno de sus atributos a través de los animales? ¿Le quiere dar gracias a Dios por tocar su vida por medio de los animales?

Padre, gracias por el papel de los varios animales en nuestras vidas. Gracias porque tu creación te importa tanto que ninguna ave cae sin que lo notes. Gracias por hacer provisiones para los animales dentro de tu ley, incluyendo un día de descanso del trabajo. Es claro que tu corazón siente por todas tus criaturas, las grandes y las pequeñas. Señor, gracias por prometer que el resto de la creación, no sólo los seres humanos, será librada del sufrimiento en nuestra resurrección para disfrutar de tu nuevo mundo. Si es parte de tu plan traer animales de esta primera Tierra a la Nueva Tierra, incluyendo nuestras mascotas, te daremos gracias por ellas, como también te agradecemos por el consuelo, compañerismo y entretenimiento que nos diste por medio de ellas.

LA NUEVA JERUSALÉN

[Vi] un río de agua de vida, claro como el cristal, que salía
del trono de Dios y del Cordero, y corría por el centro de
la calle principal de la ciudad.　— APOCALIPSIS 22:1-2

*Estoy gimiendo, con gemidos inexplicables en mi sendero de
peregrino, y recordando a Jerusalén, con mi corazón elevado
hacia ella —Jerusalén mi hogar, Jerusalén mi madre.*[66]

— AGUSTÍN

Por qué los grandes exploradores como Colón, Magallanes
y sus tripulantes salieron para tratar de encontrar "el nuevo
mundo"? ¿Lo hicieron porque eran pecadores? No. Porque como
seres humanos *fuimos hechos para buscar nuevos mundos.* Dios nos
creó para que fuéramos buscadores, exploradores y gobernadores
de la Tierra. (El hecho de que el pecado humano manchó las acciones de muchos exploradores no debería hacer que perdiéramos
de vista esto.)

Las demandas y las distracciones de nuestra vida presente a
menudo causan que dejemos de lado o sofoquemos nuestro anhelo
de explorar, pero sin embargo este deseo todavía emerge. En la

Nueva Tierra, esos deseos no van a ser frustrados por considerationes pragmáticas. Más bien, serán estimulados y alentados. Y nunca serán torcidos o disminuidos por el pecado, porque no habrá pecado. Y a medida que exploremos la creación de Dios en los siglos venideros, ansiosos de conocerlo mejor a través de lo que descubramos, aumentará nuestro conocimiento de él, llegando a estar más motivados para adorarlo por todas sus maravillas.

El primer lugar que tal vez queramos explorar será la ciudad más grande que jamás haya existido —la capital de la Nueva Tierra. La Biblia dice que la Nueva Jerusalén será un lugar de belleza espectacular y de maravillas naturales, un enorme Edén, integrado con lo mejor de la cultura humana y bajo el reino de Cristo. Más riquezas de las que han sido acumuladas en toda la historia de la humanidad van a ser esparcidas libremente a lo largo de esta inmensa ciudad.

Las dimensiones de la ciudad serán 2.200 kilómetros de largo, de ancho y de altura (Apocalipsis 21:15-26). Si una metrópolis de este tamaño se fuera a situar en el medio de Norteamérica, abarcaría desde Canadá hasta México, y desde la Sierra Nevada hasta las montañas Apalaches. Particularmente debido a su altura, la gente debate en cuanto a si estas son medidas literales o figuradas, pero queda claro que debemos verla como una ciudad inmensa que va más allá de nuestra imaginación. A los que los conciernen las condiciones de hacinamiento no tienen nada de que preocuparse.

Probablemente habrá muchas otras ciudades en la Nueva Tierra, tales como las que Jesús mencionó en sus parábolas sobre la mayordomía, en las cuales dijo que en su reino algunos gobernarán sobre cinco ciudades y otros sobre diez (Lucas 19:17, 19). Los reyes de las naciones que traen sus tesoros a la Nueva Jerusalén deben de venir de algún lugar y regresar a dicho lugar. Es probable que vengan de otros lugares que se encuentran más allá de la Nueva Jerusalén. Pero no habrá ciudad como esta, porque será el hogar del Rey de reyes.

La capital del Cielo estará llena de magnificencia visible. "Resplandecía con la gloria de Dios, y su brillo era como el de una piedra preciosa, semejante a una piedra de jaspe transparente" (Apocalipsis 21:11). Juan describe la opulencia: "La muralla estaba hecha de jaspe, y la ciudad era de oro puro, semejante a cristal pulido. Los cimientos de la muralla de la ciudad estaban decorados con toda clase de piedras preciosas" (Apocalipsis 21:18-19). A continuación Juan nombra doce piedras, ocho de las cuales corresponden a las piedras en el pectoral de los sumo sacerdotes (Éxodo 28–29).

"Las doce puertas eran doce perlas, y cada puerta estaba hecha de una sola perla. La calle principal de la ciudad era de oro puro, como cristal transparente" (Apocalipsis 21:21). Las piedras preciosas y el oro representan riquezas fabulosas, lo que sugiere las riquezas exorbitantes del esplendor de Dios.

Juan también describe una maravilla natural en el centro de la Nueva Jerusalén: "un río de agua de vida, claro como el cristal, que salía del trono de Dios y del Cordero, y corría por el centro de la calle principal de la ciudad" (Apocalipsis 22:1-2). ¿Por qué es importante el agua? Porque la ciudad es un centro de vida humana y el agua es una parte esencial de la vida. Los fantasmas no necesitan agua, pero los cuerpos humanos sí la necesitan. Todos sabemos lo que es sentir sed, pero Juan les estaba escribiendo a personas que vivían en un clima extremadamente seco, quienes con rapidez captarían la maravilla de tener agua fresca, pura e incontaminada constantemente, agua que podía satisfacer la sed más profunda.

En la Nueva Tierra, no tendremos que salir de la ciudad para encontrar belleza natural. Estará incorporada en la ciudad, con el río de agua de vida como su centro. El río corre por la calle principal de la ciudad, y probablemente tenga numerosos tributarios fluyendo a través del resto de la ciudad. ¿Se puede imaginar usted a las personas hablando y riendo al costado del río, poniendo sus manos y sus rostros en el agua y bebiendo?

Después que Juan describe el río de agua de vida, menciona otra característica notable: "A cada lado del río estaba el árbol de la vida, que produce doce cosechas al año, una por mes; y las hojas del árbol son para la salud de las naciones" (Apocalipsis 22:2). Parece que los seres humanos van a obtener fuerza y vitalidad comiendo de este árbol. El árbol no producirá una cosecha sino doce. La novedad y la frescura del Cielo se demuestran en la cosecha mensual de fruto. El fruto no es sólo para ser admirado sino que es para ser consumido. "Al que salga vencedor le daré derecho a comer del árbol de la vida, que está en el paraíso de Dios" (Apocalipsis 2:7).

¿Qué clase de vista tendremos en esta ciudad? Sabemos que la Nueva Tierra tendrá por lo menos una montaña, "una montaña grande y elevada" (Apocalipsis 21:10), y podemos asumir que tendrá cientos de miles de ellas. Tal vez nos paremos en una de las paredes de la ciudad y miremos hacia los impresionantes horizontes que nos invitan a ir a explorar la Nueva Tierra de Dios.

¿Y qué encontraremos si salimos de la ciudad? Las cataratas de la Nueva Tierra tal vez opaquen las de Niágara —o las nuevas cataratas del Niágara tal vez opaquen las que conocemos ahora. Encontraremos formaciones rocosas más espectaculares que las del parque Yosemite, picos montañosos que eclipsarán los de los Himalayas, y selvas más frondosas y bellas de que las podemos ver en mi amada zona del noroeste Pacífico de Estados Unidos. Es posible que nuestros gustos difieran lo suficiente como para que algunos de nosotros, en diferentes ocasiones, prefiramos reunirnos para grandes eventos culturales, mientras que otros preferirían apartarse para ir a darles de comer a los patos en un lago y aun otros saldrían de la ciudad con sus compañeros para perseguir aventuras en algún lugar que no ha sido explorado. Pero donde sea que vayamos, o lo que quiera que sea que hagamos, nunca saldremos de la presencia del Rey. Porque aunque él morará centralmente en la Nueva Jerusalén, también estará completamente presente en todas partes de la Tierra, así como en los lugares alejados del nuevo universo.

¿Qué es lo que no le gusta en cuanto a vivir en una ciudad que no va a estar en la Nueva Jerusalén? ¿Qué es lo que le gusta en cuanto a la vida en la ciudad —vida en una ciudad redimida— que anhela en la gran ciudad?

Padre, gracias por la fantástica ciudad que nos espera, una ciudad que contendrá todo lo que es bueno en cuanto a las ciudades, y nada de lo malo. Gracias porque no le tendremos que decir adiós a todos los aspectos buenos de la vida en una ciudad —a la bella arquitectura y expresiones culturales, a las reuniones, y tal vez tampoco a los buenos restaurantes. Gracias, también, porque tanto dentro como fuera de la ciudad veremos maravillas naturales que proclaman tu gloria. Estamos agradecidos porque cuando muramos, no le diremos un adiós permanente a la creación que declara tu majestad. Más bien, seremos traídos de vuelta a un universo físico redimido y lavado de todo lo que amenaza oscurecerte a ti y a tu grandeza. Qué maravilloso será comer del fruto del árbol de la vida que se encuentra en el medio de la ciudad. Señor, ayúdanos a enfrentar el día de hoy en la maravillosa luz de aquel día venidero.

SIENDO NOSOTROS
MISMOS EN EL CIELO

Muchos vendrán del oriente y del occidente, y participarán
en el banquete con Abraham, Isaac y Jacob en el reino de
los cielos.   — Mateo 8:11

*Hasta que usted no se haya entregado a Él, no será en realidad
usted mismo.*[67]   — C. S. Lewis

En el libro de Charles Dickens titulado *Canción de Navidad,* Ebenezer Scrooge se sintió aterrorizado cuando vio
un fantasma.

—¿Quién es usted? —le preguntó Scrooge.

—Pregúnteme quién era —le respondió el fantasma.

—Bien, ¿quién era usted? —dijo Scrooge.

—Cuando vivía era su socio, Jacob Marley.

En la película de Stanley Kubrick titulada *2010,* David Bowman
aparece en forma de fantasma. Cuando se le pregunta quién es,
responde: "Yo *era* David Bowman."

Estas son descripciones comunes de la vida después de la muerte, fantasmas incorpóreos que son pálidos reflejos de la vida anterior de una persona, flotando en el otro mundo. Pero estas historias no reflejan con exactitud lo que serán nuestras vidas en la Nueva Tierra. Una parte central de nuestra resurrección corporal será la continuidad de nuestra identidad. Si el Cielo eterno fuera un estado incorpóreo, entonces nuestra humanidad sería disminuida o trascendida, y nunca más seríamos nosotros mismos después que morimos.

Compare el fantasma de Jacob Marley con Job, quien dijo: "Y cuando mi piel haya sido destruida, todavía veré a Dios . . . yo . . . y no otro" (Job 19:26-27).

Compare el fantasma que *había sido* Dave Bowman con el Jesús resucitado, quien dijo: "Miren mis manos y mis pies. ¡Soy yo mismo! Tóquenme y vean; un espíritu no tiene carne ni huesos, como ven que los tengo yo" (Lucas 24:39).

Jesús llamó por sus nombres a las personas en el Cielo, incluyendo a Lázaro en el Cielo presente (Lucas 16:25) y a Abraham, Isaac y Jacob en el Cielo futuro (Mateo 8:11). Un nombre denota una identidad distintiva, un individuo. El hecho de que las personas en el Cielo van a ser llamadas por el mismo nombre que tenían en la Tierra demuestra que permanecen siendo las mismas personas —sin las partes malas— para siempre.

Usted será usted mismo en el Cielo. *¿Qué otra persona sería?*

Si Roberto, un hombre en la Tierra, ya no es Roberto cuando llegue al Cielo, entonces Roberto no fue en realidad redimido y Roberto no fue al Cielo. Cuando yo llegue al Cielo, de la forma en que sea cambiado, si no soy la misma persona que era en la Tierra —con la misma identidad, historia y memoria—, entonces *yo* no fui al Cielo.

Si no somos nosotros mismos en la vida venidera, entonces, ¿cómo podemos ser recompensados o se nos pueden pedir cuentas por cualquier cosa que hayamos hecho en esta vida? El juicio no tendría significado. Las doctrinas del juicio y de las recompensas eternas dependen de que las personas retengan sus identidades distintivas de esta vida en la siguiente.

En el budismo, el hinduismo y el misticismo de la nueva era, la individualidad es borrada o asimilada en el Nirvana. Sin embargo, de acuerdo a la Biblia, nosotros no perderemos nuestra identidad cuando veamos a Dios, aunque tal vez nos sintamos perdidos en su inmensidad. "El que pierda su vida por mi causa, la encontrará" (Mateo 16:25).

Al igual que nuestro código genético y nuestras huellas digitales ahora son únicos, deberíamos esperar lo mismo de nuestros nuevos cuerpos. Dios es el Creador de las identidades y las personalidades individuales. Él no hace dos copos de nieve iguales, mucho menos a dos personas iguales. Ni siquiera los "gemelos idénticos" son completamente idénticos. La individualidad precedió al pecado y a la maldición. Es el plan de Dios, y él recibe mayor gloria a través de nuestras diferencias.

Los habitantes del Cielo no se regocijan simplemente por las multitudes sin nombre que llegan a Dios. Se regocijan por cada una de las personas (Lucas 15:4-7, 10). Esa es una poderosa afirmación de la perspectiva del Cielo para cada persona como un individuo separado, cuya vida es observada y cuidada.

Cuando Moisés y Elías aparecieron del Cielo al lado de Cristo en la transfiguración, los discípulos los reconocieron como las personas individuales que eran. Cuando Jesús fue resucitado, él no se convirtió en otra persona; él permaneció siendo el que había sido antes de su resurrección. "¡Soy yo mismo!" En el evangelio de Juan, Jesús trata a María, a Tomás y a Pedro de manera muy personal, basándose en su conocimiento anterior de ellos. Sus relaciones de su estado antes de la resurrección continuaron. Cuando Tomás dijo: "¡Señor mío y Dios mío!" (Juan 20:28), él sabía que estaba hablando con el mismo Jesús que había seguido. Cuando Juan dijo: "¡Es el Señor!" (Juan 21:7), él quiso decir: "Es verdaderamente él, el Jesús que conocemos."

"'Porque así como perdurarán en mi presencia el cielo nuevo y la tierra nueva que yo haré, así también perdurarán el nombre y los descendientes de ustedes,' afirma el Señor" (Isaías 66:22). Nuestra historia personal y nuestra identidad perdurarán de una Tierra a la siguiente. Jesús dijo que bebería el fruto de la vida *con* sus discípulos *en* el reino de su Padre (Mateo 26:29).

¿Nos llamarán por nuestros nombres terrenales en el Cielo? Cuando se dice que los nombres de los hijos de Dios están escritos en el libro de la vida del Cordero (Apocalipsis 20:15; 21:27), yo creo que esos son nuestros nombres terrenales: Abraham, Isaac y Jacob, por ejemplo. Nuestros nombres reflejan nuestra individualidad. Que tengamos el mismo nombre escrito en el Cielo que fue nuestro en la Tierra habla de la continuidad entre esta vida y la vida venidera.

Además de nuestros nombres terrenales, recibiremos nuevos nombres en el Cielo (Isaías 62:2; 65:15; Apocalipsis 2:17; 3:12). Pero los nuevos nombres no invalidan nuestros primeros nombres.

Un hombre me escribió expresando su temor de perder su identidad en el Cielo: "¿Ser como Jesús significará la eliminación total del yo?" Él tenía miedo de que todos fuéramos iguales, que él y sus amados amigos perdieran los rasgos que los distinguen y las excentricidades que los hacen especiales. Pero él no debe preocuparse. Todos podemos ser iguales a Jesús en carácter, y sin embargo permanecer muy diferentes los unos a los otros en cuanto a la personalidad.

La diversidad es creación de Dios, no de Satanás. Lo que nos hace únicos y distintos sobrevivirá. De hecho, mucha de nuestra singularidad tal vez sea descubierta por primera vez. Seremos personas reales con deseos reales, pero santos. Tendremos sentimientos reales, pero redimidos del orgullo y de la inseguridad y de la mala manera de pensar. Seremos nosotros mismos, con todo lo bueno y nada de lo malo. Y consideraremos, en el sentido correcto, un privilegio ser quienes Dios ha creado para que seamos.

¿Anhela usted ser sí mismo, sin las cosas que se interponen para que sea la persona que Dios diseñó para que fuera? ¿Qué pasos puede dar hoy para llegar a ser esa persona en este lado del Cielo?

Señor, por un lado queremos ser liberados de nosotros mismos, libres de la confusión y los motivos equivocados, el orgullo, el egoísmo, el odio por nosotros mismos, y todo lo que exalta el "yo." Pero al decir esto, lo que queremos decir es que deseamos ser las personas que tú quisiste que fuéramos. Queremos ser los portadores singulares de tu imagen que tú has creado, y también queremos ser como Jesús. Anhelamos ser nosotros mismos sin las partes malas,

libres al fin para ser como tú nos creaste para que fuéramos.
Gracias porque ya nos has redimido y nos has dado una
naturaleza recta en Cristo. Ayúdanos para considerarnos
muertos al pecado y vivos a la justicia. Ayúdanos a
vivir de una forma que sea consecuente con nuestra
nueva naturaleza, creciendo todos los días para ser más
semejantes a Cristo.

COMIENDO Y BEBIENDO
EN LA NUEVA TIERRA

¡Dichoso el que coma en el banquete del reino de Dios!
— LUCAS 14:15

¿Son los banquetes simbólicos, y el vino simbólico y los ríos y árboles simbólicos de alguna forma superiores a los banquetes reales, el vino real y los ríos y árboles reales en el plan eterno de Dios? Estas cosas son simplemente algunas de las características excelentes de la perfección y de la bondad final de la creación física que Dios ha hecho.[68]   — WAYNE GRUDEM

P alabras que describen *comer, comidas* y *alimentos* aparecen más de mil veces en las Escrituras, y la traducción de la palabra "fiesta" (banquete) ocurre 187 veces. Una fiesta involucra celebración y diversión. A menudo durante las comidas se desarrollan conversaciones importantes, se cuentan historias, se edifican relaciones y la gente ríe alrededor de la mesa. Las fiestas, incluyendo la Pascua, eran reuniones espirituales que dirigían la atención hacia Dios, su grandeza y sus propósitos redentores.

A las personas que se aman les encanta comer juntas. Jesús les dijo a sus discípulos: "Por eso, yo mismo les concedo un reino, así como mi Padre me lo concedió a mí, para que coman y beban a mi mesa en mi reino" (Lucas 22:29-30).

Las Escrituras dicen: "Sobre este monte, el Señor Todopoderoso preparará para todos los pueblos un banquete de manjares especiales, un banquete de vinos añejos, de manjares especiales y de selectos vinos añejos" (Isaías 25:6).

El Jesús resucitado invitó a sus discípulos: "Vengan a desayunar." Él les preparó una comida y luego comió pan y pescado con ellos (Juan 21:4-14). Jesús probó que los cuerpos resucitados pueden comer comida, *verdadera* comida. Cristo se podría haber abstenido de comer. El hecho de que no lo hizo es una declaración poderosa acerca de la naturaleza de su cuerpo resucitado, y por inferencia, del nuestro. "Él transformará nuestro cuerpo miserable para que sea como su cuerpo glorioso" (Filipenses 3:20-21).

Otros pasajes indican que comeremos en fiestas con Cristo en un reino terrenal. Jesús les dijo a sus discípulos: "Les digo que no volveré a beber del fruto de la vid hasta que venga el reino de Dios" (Lucas 22:18). ¿A dónde vendrá el reino de Dios? A la Tierra. ¿Dónde alcanzará el reino de Dios su estado final y eterno? En la Nueva Tierra.

Jesús dijo: "Muchos vendrán del oriente y del occidente, y participarán en el banquete con Abraham, Isaac y Jacob en el reino de los cielos" (Mateo 8:11).

En el Cielo un ángel le dijo a Juan: "¡Dichosos los que han sido convidados a la cena de las bodas del Cordero!" (Apocalipsis 19:9). ¿Qué es lo que hace la gente en una cena, especialmente en una cena de bodas? Comen y beben, hablan, cuentan historias, celebran, ríen y comen postre. Las fiestas de bodas en el Oriente Medio por lo general duraban una semana. (Y nosotros no sólo vamos a ser invitados, ¡seremos la novia!)

En una ocasión, mientras comía en la casa de un fariseo prominente, Jesús le dijo a su anfitrión: "Cuando des una comida o una cena . . . invita a los pobres, a los inválidos, a los cojos y a los ciegos. Entonces serás dichoso, pues aunque ellos no tienen con qué recompensarte, serás recompensado en la resurrección de los justos" (Lucas 14:12-14).

Cuando Jesús hizo esta referencia a la resurrección de los muertos, un hombre en la misma cena le dijo a él: "¡Dichoso el que coma en el banquete del reino de Dios!" (Lucas 14:15). Debido a que estaban comiendo juntos en ese momento, es obvio que el hombre se refería a comer y a un banquete literal. Si el hombre estaba equivocado al imaginarse comida literal después de la resurrección final, Jesús tuvo toda oportunidad de corregirlo. Pero no lo hizo. De hecho, él continuó con el pensamiento de las palabras de ese hombre para relatar una historia acerca de alguien que preparó un banquete e invitó a muchas personas (Lucas 14:16-24). Es claro que tanto Jesús como el hombre estaban hablando de realmente comer en los banquetes verdaderos, como el que estaban celebrando en ese momento.

Yo no siempre tomo la Biblia en forma literal. Las Escrituras contienen muchas figuras del lenguaje. Pero el hecho de que la Biblia usa algunas figuras del lenguaje para describir al Cielo no quiere decir que todo lo que la Biblia dice acerca del Cielo es figurativo. Cuando se nos dice que tendremos cuerpos de resurrección como el de Cristo, y que él comió en su cuerpo de resurrección, ¿por qué deberíamos asumir que él habló en forma figurativa cuando se refirió a las mesas, los banquetes y a comer y beber en su reino?

Se nos ordena: "Glorificad, pues, a Dios en vuestro cuerpo" (1 Corintios 6:20, rv60). ¿Qué es lo que haremos por la eternidad? Glorificar a Dios en nuestro cuerpo. Se nos dice: "Ya sea que coman o beban o hagan cualquier otra cosa, háganlo todo para la gloria de Dios" (1 Corintios 10:31). ¿Qué haremos por la eternidad? Comer, beber y hacer todas las cosas para la gloria de Dios.

La comida que comemos viene de la mano de Dios. Podemos confiar que la comida que comeremos en la Nueva Tierra, alguna de ella familiar y otra completamente nueva, tendrá mejor sabor que todo lo que hayamos comido aquí. No necesitaremos comidas finas en el Cielo; no las *necesitamos* ahora, pero las disfrutamos ahora por la misma razón que las disfrutaremos entonces —porque Dios nos creó para que disfrutemos la comida y lo glorifiquemos mientras comemos y bebemos (1 Corintios 10:31). Dios nos dice que él "nos provee de todo en abundancia para que lo disfrutemos" (1 Timoteo 6:17).

En la Nueva Tierra, beberemos "de la fuente del agua de la vida" (Apocalipsis 21:6). Dios preparará para nosotros "un banquete de vinos añejos … de selectos vinos añejos" (Isaías 25:6). No sólo beberemos agua y vino, sino que comeremos de la fruta de los árboles (Apocalipsis 22:2), y tenemos todas las razones para creer que beberemos jugo hecho de las doce frutas del árbol de la vida.

Junto con agua, vino y jugo de fruta, ¿hay alguna razón para suponer que no tomaremos café o té en el Cielo? ¿Se puede imaginar tomando una taza de café o de té con Jesús en la Nueva Tierra? Si no se lo puede imaginar, ¿por qué no?

Los que sufren de alergia a ciertas comidas, tienen problemas con su peso o adicciones —y por lo tanto no pueden comer ciertas comidas o tomar ciertas bebidas— pueden esperar con ansias disfrutar de toda cosa buena en la Nueva Tierra. Ser liberados del pecado, de la muerte, y de las ataduras en la Nueva Tierra no quiere decir que vamos a disfrutar de *menos* placeres, sino de *más*. Y el Dios que se deleita en nuestros placeres será glorificado con nuestra adoración agradecida.

Usted y yo nunca hemos comido alimentos en un mundo que no ha sido tocado por la caída y la maldición. La comida más sabrosa que jamás hayamos comido no es ni siquiera tan buena como debe haber sido en el Edén o como será en la Nueva Tierra.

¿Se le hace agua la boca cuando piensa en los sabores y olores de la comida en el mundo venidero? ¿Cree usted que Dios *quiere* que anhelemos comer a su mesa, y que disfrutemos las abundantes comidas que él tiene reservadas para nosotros?

Padre, hemos comido muchas cosas en diferentes lugares, pero apenas hemos probado la gran cantidad de comidas disponibles en esta Tierra presente. Tal vez aún no hemos probado nuestra comida favorita, y si lo hemos hecho, no ha gustado tan bien como gustará en tu reino venidero. Recuérdanos que nuestras mejores comidas, nuestras mejores conversaciones, nuestra risa más profunda, y las historias más enternecedoras están todavía delante de nosotros, para que las experimentemos en banquetes en la

*Nueva Tierra. Gracias, Padre amoroso y dadivoso, porque
estas cosas no son ni triviales ni incidentales; tú no sólo
las has creado para placer nuestro en este mundo, sino que
las has prometido para nuestras vidas plenas en el mundo
venidero, que será mucho mejor.*

CONOCIMIENTO Y APRENDIZAJE

Dios nos resucitó y nos hizo sentar con él en las regiones
celestiales, para mostrar en los tiempos venideros la
incomparable riqueza de su gracia.   — Efesios 2:6-7

*¡Con qué rapidez los amantes terrenales llegan al fin de los
descubrimientos de su belleza mutua; con qué rapidez ven todo
lo que hay para ver! Pero en el Cielo hay progreso eterno con
nuevas bellezas siempre siendo descubiertas.[69]*

— Jonathan Edwards

A menudo la gente dice: "Ahora no lo entendemos, pero en
el Cielo sabremos todas las cosas."

¿Es verdad eso? Definitivamente no.

Sólo Dios es omnisciente. Cuando muramos, por cierto que
veremos las cosas con más claridad, y que sabremos mucho más
de lo que sabemos ahora, pero *nunca* sabremos todas las cosas. (Si
las supiéramos, ¡seríamos Dios!)

El apóstol Pablo escribe: "Ahora vemos de manera indirecta
y velada, como en un espejo; pero entonces veremos cara a cara.
Ahora conozco de manera imperfecta, pero entonces conoceré tal
y como soy conocido" (1 Corintios 13:12).

"Conocer como soy conocido" no quiere decir que seremos omniscientes, sino que conoceremos sin error o teorías equivocadas. Vamos a "captar" todas las cosas. Veremos a Dios cara a cara y por lo tanto lo conoceremos *verdaderamente*. Pero él permanecerá infinito y nosotros permaneceremos finitos. Sabremos las cosas con exactitud, pero no sabremos todas las cosas.

En el Cielo seremos perfectos, pero no saber todo no es una imperfección. Es parte de ser finitos. Los ángeles no saben todas las cosas, y anhelan saber más (1 Pedro 1:12). No tienen fallas, pero son finitos. Deberíamos esperar anhelar más conocimiento, tal como lo anhelan los ángeles. Y pasaremos la eternidad obteniendo el conocimiento mayor que busquemos.

Una encuesta indicó que menos de una en cinco personas creen que vamos a crecer intelectualmente cuando estemos en el Cielo.[70] Escuché decir a un pastor decir en un programa radial: "No habrá más aprendizaje en el Cielo." Un escritor dice que en el Cielo, "actividades tales como la investigación, la comprensión y la indagación nunca serán necesarias. Nuestro entendimiento estará completo."[71]

Pero eso no es lo que dicen las Escrituras.

En Efesios 2:6-7, Pablo dice: "Y en unión con Cristo Jesús, Dios nos resucitó y nos hizo sentar con él en las regiones celestiales, para mostrar en los tiempos venideros la incomparable riqueza de su gracia." La palabra *mostrar* significa "revelar." La frase *en los tiempos venideros* indica claramente que será una revelación continua y progresiva, en la cual aprenderemos más y más acerca de la gracia de Dios.

Con frecuencia aprendo cosas nuevas en cuanto a mi esposa, mis hijas y mis amigos íntimos, aunque los he conocido por muchos años. Si puedo estar siempre aprendiendo cosas nuevas en cuanto a seres humanos finitos y limitados, ¿cuánto más estaré aprendiendo acerca de Jesús en los tiempos venideros? Ninguno de nosotros jamás comenzará a agotar sus profundidades.

Jesús les dijo a sus discípulos: "Aprendan de mí" (Mateo 11:29). En la Nueva Tierra, tendremos el privilegio de sentarnos a los pies de Jesús como lo hizo María, caminar con él por las praderas como lo hicieron sus discípulos, siempre aprendiendo de él. En el Cielo continuamente aprenderemos cosas nuevas en cuanto a Dios, profundizando cada vez más nuestra comprensión.

En ocasiones escuchamos historias que proveen un pequeño anticipo de lo que aprenderemos en la eternidad. Una mañana, después que hablé en una iglesia, una mujer joven se me acercó y me preguntó: "¿Recuerda usted a un muchacho que se dirigía a la universidad, y que estaba sentado a su lado en un avión? Usted le dio su novela titulada *Deadline*."

Yo regalo muchos de mis libros cuando viajo por avión, pero después de un poco de tratar de recordar, me acordé de él. El joven era inconverso. Hablamos sobre Jesús, y le regalé el libro y oré por él cuando nos bajamos del avión.

Yo me sorprendí cuando la joven me dijo: "Él me dijo que nunca se puso en contacto con usted, así que usted no sabe lo que sucedió. Él llegó a la universidad, fue a su dormitorio, se sentó y leyó su libro. Cuando lo terminó, confesó sus pecados y le entregó su vida a Jesús. Y le puedo decir con sinceridad que es el creyente más dinámico que jamás haya conocido."

Todo lo que yo hice fue hablar con un joven estudiante en un avión, darle un libro y orar por él. Pero si la joven no me hubiera dicho lo que sucedió después, yo no habría tenido ni una pista de lo que había ocurrido. Esto me hizo pensar en cuántas grandes historias nos esperan en el Cielo, y en cuántas tal vez no escuchemos hasta que hayamos estado allí mucho tiempo. No sabremos todas las cosas, y aun lo que sepamos, no ocurrirá todo inmediatamente. Seremos aprendices para siempre. Pocas cosas me emocionan más que eso.

Jonathan Edwards sostenía que continuamente seremos más felices en el Cielo en "un descubrimiento sin fin y siempre en aumento de más y más de la gloria de Dios con mayor y mayor gozo en el Señor." Él dijo que nunca habría un tiempo en el que "no haya más gloria para que los redimidos descubran y disfruten."

Cuando entremos al Cielo, probablemente comenzaremos con el conocimiento que teníamos en el momento en que morimos. Dios puede realzar nuestro conocimiento y rectificar incontables percepciones erradas. Me imagino que él nos revelará muchas cosas nuevas, y luego nos pondrá en un curso de continuo aprendizaje, semejante al de Adán y Eva en el Edén. Tal vez a los ángeles y a los seres amados que ya están en el Cielo se les asignará ser nuestros tutores.

Piense lo que será hablar sobre ciencia con Isaac Newton, Michael Faraday y Thomas Edison, o discutir matemáticas con Blaise Pascal. Imagínese largas charlas con Malcolm Muggeridge o Francis Schaeffer. Piense en discutir los escritos de C. S. Lewis, J. R. R. Tolkien, G. K. Chesterton o Dorothy Sayers con los mismos autores. ¿Le gustaría hablar acerca de los poderes de la literatura novelística en una mesa redonda con John Milton, Daniel Defoe, Víctor Hugo, Fyodor Dostoyevsky, Leo Tolstoy y Flannery O'Connor?

Imagínese discutiendo los sermones de George Whitefield, Jonathan Edwards, Charles Finney o Charles Spurgeon con los predicadores mismos. O hablar sobre la fe con George Mueller o Bill Bright, y escuchar sus historias de primera mano. Usted podría estudiar la época de la Guerra Civil en los Estados Unidos con Abraham Lincoln y Harriet Beecher Stowe, o la historia de las misiones con William Carey, Amy Carmichael, Lottie Moon o Hudson y Maria Taylor.

Considere lo emocionante que será el desarrollo intelectual. El Padre Boudreau escribe: "La vida en el Cielo es una vida de placer intelectual. . . . Allí el intelecto del hombre recibe una luz sobrenatural. . . . Es purificado, fortalecido, aumentado y capacitado para ver a Dios como él es en su misma esencia. Es capacitado para contemplarlo a él, cara a cara, quien es la primera Verdad esencial. ¡Quién puede comprender los exquisitos placeres del intelecto humano cuando vea así toda la verdad tal como es en sí misma!"[72]

Imagínese lo que será el Cielo para aquellos que nunca tuvieron los beneficios de aprender a leer y escribir y de estudiar. Qué gozo tendrán cuando saquen verdades cada vez más profundas de su Dios, el Manantial que nunca se secará.

¿Qué es lo que siempre ha querido saber que puede aprender en el Cielo? ¿Cuáles son algunas de las cosas que le gustaría estudiar en la Nueva Tierra? ¿De qué forma podría glorificar a Dios su aprendizaje?

Padre, gracias por tu promesa de que en los siglos venideros tú nos estarás revelando las riquezas de tu gracia y bondad. Anticipamos contemplar tu persona y tus obras cuando contemplemos tu rostro. Recuérdanos, Señor, que la curiosidad intelectual no es parte de la maldición sino que es tu bendición para nosotros, que somos portadores de tu imagen. Gracias por crearnos con mentes productivas y curiosas para que podamos buscar la verdad y encontrarla en ti, nuestra fuente más grande de placer. Señor, muévenos para no esperar hasta la muerte para estudiar las grandes verdades de tu Palabra. Motívanos para apagar el televisor, salirnos de enfrente del computador, posponer el trabajo sin fin del hogar, y abrir tu Palabra. Acércanos a ti por medio de libros buenos que están saturados de tu Palabra, y que te muestran a ti tal como en realidad eres.

EL DESCANSO Y EL TRABAJO

Bienaventurados de aquí en adelante los muertos que
mueren en el Señor . . . descansarán de sus trabajos, pues
sus obras con ellos siguen. . . . El trono de Dios y del
Cordero estará en ella [la ciudad], y sus siervos le servirán.

— APOCALIPSIS 14:13; 22:3, RV60

*Si hay un descanso tan glorioso y certero para los santos, ¿por
qué no hay más personas activas buscándolo? Uno pensaría
que si un hombre escuchara una sola vez que tal gloria inefable
se puede obtener, y creyera que lo que escuchó es cierto, esa
persona debería ser transportada con la vehemencia de su deseo
para obtenerlo, y casi se olvidaría de comer y beber, y no se
preocuparía por ninguna otra cosa, ni hablaría ni preguntaría
cosa alguna que no fuera cómo obtener este tesoro.*[73]

— RICHARD BAXTER

Se nos dice que *descansaremos* en el Cielo.

El Edén es una figura del descanso —con no sólo dormir
y tiempo de ocio, sino con trabajo que tiene significado y que es
agradable, comida en abundancia, un medio ambiente hermoso,
amistad sin impedimentos con Dios, con otras personas y con los

animales. Aun con la perfección de descanso del Edén, se separó un día especial para descansar y adorar. El trabajo será muy agradable en la Nueva Tierra, pero sin embargo el descanso regular será incorporado en nuestras vidas.

Dios descansó en el séptimo día. Él les ordenó descansar a Adán y Eva antes de que pecaran, y él también lo ordenó para la humanidad bajo la maldición del pecado. El descanso regular será parte de nuestra vida venidera en el nuevo universo. (¿No sería sabio aprender a descansar ahora?)

Pero ¿en realidad tendremos trabajo que hacer? Para mucha gente la idea de trabajar en el Cielo es extraña. Y sin embargo las Escrituras la enseñan con toda claridad.

Cuando Dios creó a Adán, "tomó al hombre y lo puso en el jardín del Edén para que lo cultivara y lo cuidara" (Génesis 2:15). El trabajo fue parte del Edén original. Fue parte de una vida humana perfecta en la Tierra.

El trabajo no fue parte de la maldición, pero la maldición fue la que hizo que el trabajo fuera arduo, tedioso y frustrante: "¡Maldita será la tierra por tu culpa! Con penosos trabajos comerás de ella todos todos los días de tu vida. La tierra te producirá cardos y espinas, y comerás hierbas silvestres. Te ganarás el pan con el sudor de tu frente" (Génesis 3:17-19).

Sin embargo, en la Nueva Tierra el trabajo será redimido y transformado en lo que Dios quiso que fuera: "Y no habrá más maldición; y el trono de Dios y del Cordero estará en [la ciudad], y sus siervos le servirán" (Apocalipsis 22:3, RV60). *Servir* es un verbo. Los siervos son personas que están activas y ocupadas, llevando a cabo tareas.

Dios mismo trabaja. Él no creó el mundo y luego se jubiló. Jesús dijo: "Mi Padre aun hoy está trabajando, y yo también trabajo" (Juan 5:17). Jesús encontró mucha satisfacción en su trabajo: "Mi alimento es hacer la voluntad del que me envió y terminar su obra" (Juan 4:34). Nosotros también tendremos trabajo que hacer, trabajo satisfactorio y que realzará nuestra vida, y que nunca será tedioso.

En su libro titulado *The Happiness of Heaven [La Felicidad del Cielo]*, el Padre Boudreau debate la posición de Tomás de Aquino de que el Cielo es un lugar de absorción inmóvil con una contemplación intelectual de Dios:

> Somos activos por naturaleza. Por lo tanto, la acción de ambos, la mente y el cuerpo, es una ley de nuestra existencia, la cual no puede ser cambiada sin cambiar radicalmente, o más bien destruir, toda nuestra naturaleza. En lugar de destruirla, se entiende que en el Cielo seremos mucho más activos de lo que es posible que seamos aquí abajo. . . . El alma de Jesucristo disfrutó de la Visión Beatífica aun mientras estaba aquí en la tierra en carne mortal. ¿Estuvo Él, por eso, impedido de hacer otra cosa excepto contemplar la esencia divina? Por supuesto que no. Él trabajó y predicó; también bebió y durmió; visitó a sus amigos e hizo mil otras cosas.[74]

Considere las actividades de Cristo: trabajó en una carpintería, caminó por los campos, pescó, anduvo en bote, conoció a mucha gente, habló, predicó, comió —todo eso mientras cumplía su cometido en la vida. Aun después de su resurrección fue de un lugar a otro, relacionándose con sus discípulos y continuando su trabajo. Podríamos considerar esto una vista previa de nuestras vidas venideras en la Tierra, después de nuestra resurrección.

No estoy especulando que trabajaremos en la Nueva Tierra; las Escrituras nos dicen directamente que lo haremos. Cuando entra al Cielo, lo que se le ofrece al siervo fiel no es la jubilación, sino esto: "¡Hiciste bien, siervo bueno y fiel! Has sido fiel en lo poco; te pondré a cargo de mucho más. ¡Ven a compartir la felicidad de tu señor!" (Mateo 25:23).

Jonathan Edwards dijo: "El descanso más perfecto concuerda con estar continuamente empleado."

Jesús le dijo a su Padre: "Te he glorificado en la tierra, y he llevado a cabo la obra que me encomendaste" (Juan 17:4).

¿Cómo glorificaremos a Dios por la eternidad? Haciendo todo lo que él nos dice que hagamos. ¿Qué le dijo Dios a la humanidad que hiciera? Que llenara la Tierra y que ejerciera dominio sobre ella. ¿Qué es lo que haremos por la eternidad para glorificar a Dios? Ejercer dominio sobre la Tierra, demostrando la creatividad y la ingeniosidad de Dios como portadores de su imagen, produciendo una cultura que exalte a Cristo.

Al reflexionar en la obra de su vida, el autor Víctor Hugo dijo palabras profundas en cuanto a su anticipación de su trabajo en el Cielo:

> Siento dentro de mí esa vida futura. Soy como un bosque que ha sido talado; los nuevos brotes son más fuertes y más brillantes. Ciertamente que me elevaré hacia los cielos. . . . Cuanto más cerca me aproxime al fin, más claros serán los sonidos de las sinfonías inmortales de los mundos que me invitan. Por medio siglo he estado

traduciendo mis pensamientos en prosa y verso: historia, filosofía, drama, romance, tradición, sátira, oda y canción; todas estas cosas las he probado. Pero siento que no le he dado expresión ni a la milésima parte de lo que hay dentro de mí. Cuando vaya a la tumba puedo decir, como han dicho otros: "Mi trabajo diario ha terminado." Pero no puedo decir: "Mi vida ha terminado." Mi trabajo recomenzará de nuevo a la mañana siguiente. La tumba no es un callejón sin salida; es una carretera. Se cierra cuando llega el crepúsculo, pero se abre al amanecer.[75]

No todas las *vocaciones* de los cristianos continuarán en la Nueva Tierra (por ejemplo los encargados de funerarias tendrán que encontrar otro trabajo), pero nuestra vida continuará; nuestro llamado a glorificar a Dios nunca terminará. Ese llamado se aplicará tanto allí y entonces como se aplica aquí y ahora.

Mientras trabaja o descansa hoy, ¿le pedirá a Dios que lo ayude a hacerlo para gloria de él?

Señor, en los días en que estamos tan ocupados y cansados, y cuando las tareas sin terminar demandan nuestra atención, ¡qué maravilloso nos parece el descanso! Considerando las demandas de la vida, el cuidar a nuestros hijos y cansarnos hasta el agotamiento en el trabajo, ¡qué delicia es contemplar el Cielo como un lugar de descanso! Y en los días en que estamos ansiosos

por trabajar, por cuidar nuestro jardín, por estudiar,
por diseñar y armar y construir, ¡qué placer es saber que
trabajo bueno, productivo y edificador nos espera en la
Nueva Tierra, un trabajo que no será perjudicado por la
Maldición y se hará en colaboración con otras personas que
encontrarán tanto gozo en servir a Jesús como nosotros!

RECORDAREMOS Y RECONOCEREMOS

Hermanos, no queremos que ignoren lo que va a pasar
con los que ya han muerto, para que no se entristezcan
como esos otros que no tienen esperanza. . . . Luego los
que estemos vivos, los que hayamos quedado, seremos
arrebatados junto con ellos en las nubes para encontrarnos
con el Señor en el aire. Y así estaremos con el Señor para
siempre. Por lo tanto, anímense unos a otros con estas
palabras.   — 1 Tesalonicenses 4:13, 17-18

Una gran multitud de personas amadas nos está esperando;
una grande y vasta muchedumbre de padres, hermanos e hijos,
los que han alcanzado ya su propia seguridad, sin embargo
ansiosos por nuestra salvación, anhelan que vengamos a
su derecha y los abracemos, a ese gozo que será común para
nosotros y ellos.[76]   — El Venerable Bede

U n escritor afirma que cuando vayamos al Cielo, "No nos
acordaremos de este viejo mundo que llamamos Tierra,
. . . ¡ni siquiera lo recordaremos! Simplemente no nos vendrá a la
mente."[77]

Muchas personas creen esta interpretación errada, pero no es lo que dice la Biblia.

La memoria es una parte básica de la personalidad. El principio de la continuidad redentora indica que recordaremos nuestras vidas pasadas. El Cielo limpia nuestro registro en lo que se refiere al pecado y al error, pero no borra nuestro recuerdo de ellos. Las lecciones que aprendimos aquí en cuanto al amor, la gracia y la justicia de Dios por cierto que no se pierden, sino que se llevarán al Cielo. El Padre Boudreau declara: "Porque los pecados que tan a menudo nos hicieron temblar, son lavados en la sangre de Jesús, y ya no son, por lo tanto, una fuente de problemas. Más bien el recuerdo de ellos intensifica nuestro amor por el Dios de misericordia, y por lo tanto aumenta nuestra felicidad."[78]

Un versículo, Isaías 65:17, se cita regularmente como prueba de que en el estado eterno no recordaremos nuestras vidas presentes: "Presten atención, que estoy por crear un cielo nuevo y una tierra nueva. No volverán a mencionarse las cosas pasadas, ni se traerán a la memoria." Sin embargo, este versículo debería ser considerado en el contexto. Está ligado al versículo previo en el cual Dios dice: "Las angustias del pasado han quedado en el olvido, las he borrado de mi vista." Esto no sugiere una falta literal de memoria, como si el Dios omnisciente no pudiera recordar el pasado. Más bien, es como si Dios dijera: "Nunca más me acordaré de sus pecados" (Jeremías 31:34). No se trata de que él tenga un lapso mental, sino que *elige* no hacer mención de nuestros pecados pasados ni mantenerlos contra nosotros. En la eternidad, los pecados y los dolores pasados no le preocuparán ni a Dios ni a nosotros. Nosotros podremos elegir no recordarlos o pensar excesivamente en ninguna cosa que pudiera disminuir el gozo del Cielo. Eso *no* es lo mismo que hacer que nuestra memoria desaparezca y que nuestras relaciones se disuelvan.

Si nos olvidamos de que fuimos pecadores desesperados, ¿cómo podríamos apreciar la profundidad y el significado de la obra redentora de Cristo por nosotros?

Nunca olvidaremos que nuestros pecados clavaron a Jesús en la cruz porque el cuerpo de resurrección de Cristo todavía tiene las cicatrices de los clavos en las manos y en los pies (Juan 20:24-29). Aunque Dios enjugará las lágrimas y el sufrimiento que son parte de este mundo, él *no* borrará de nuestra mente la historia humana y la intervención de Cristo. Como dije antes, la felicidad del Cielo no dependerá de nuestra ignorancia de lo que sucedió en la Tierra. Más bien, será realzada por nuestra *perspectiva,* nuestra apreciación informada de la gloriosa gracia y justicia de Dios cuando captemos lo que en realidad sucedió allí.

La palabra griega para verdad, *aletheia,* es una forma en negativo del verbo traducido "olvidar," así que saber la verdad significa *dejar de olvidar.* En la Nueva Tierra habrá recordatorios de las doce tribus y de los apóstoles (Apocalipsis 21:12-14). Esto indica continuidad y recuerdo de la historia. Si estamos conscientes de otros eventos pasados en la primera Tierra, seguramente estaremos conscientes de nuestro pasado.

Cuando le preguntaron a George MacDonald si reconoceríamos a nuestros amigos en el Cielo, respondió: "¿Seremos más tontos en el Paraíso de lo que somos ahora aquí?"[79]

Y sin embargo muchas personas se preguntan si nos reconoceremos en el Cielo. Es una pregunta que se me formula con frecuencia, *¿pero por qué?* Debido a la generalización del cristoplatonismo, que enseña que lo espiritual es incompatible con lo físico. Pero Cristo, en su encarnación y resurrección afirmó no sólo el reino espiritual sino también el físico. Su redención no fue sólo de espíritus sino también de cuerpos y de tierra. La falsa suposición detrás de la pregunta de si reconoceremos a nuestros seres queridos en el Cielo es que seremos espíritus incorpóreos que perderán sus identidades y recuerdos, ¿y cómo podría alguien reconocer a un espíritu?

Los discípulos de Cristo lo reconocieron muchas veces después de su resurrección. Lo reconocieron en la playa cuando cocinaba desayuno para ellos (Juan 21). Lo reconocieron cuando le apareció al incrédulo Tomás (Juan 20:24-29). Lo reconocieron cuando se les apareció a quinientas personas a la vez (1 Corintios 15:6).

En la transfiguración de Cristo, sus discípulos identificaron a Moisés y a Elías, aun cuando los discípulos no hubieran podido saber cómo se veían esos hombres (Lucas 9:29-33). Las Escrituras no dan ninguna indicación de que haya una erradicación de nuestros recuerdos que cause que no reconozcamos a nuestra familia y amigos. Pablo anhelaba estar con los tesalonicenses en el Cielo, y nunca se le ocurrió que no sabría quiénes eran o que no los reconocería. De hecho, si no reconociéramos a nuestros seres queridos, el "consuelo" de una reunión en la vida venidera, que se enseña en 1 Tesalonicenses 4:14-18, no sería consuelo en absoluto.

La misionera Amy Carmichael tenía fuertes convicciones sobre esta pregunta:

> ¿Nos reconoceremos los unos a los otros en el Cielo?
> ¿Amaremos y recordaremos? No creo que nadie deba
> preguntarse o dudar ni un instante sobre esto. . . . Porque
> si pensamos por un instante, lo sabemos. ¿Sería usted

mismo si no amara y recordara? . . . Se nos dice que
seremos como nuestro Señor Jesús. De seguro que esto
no quiere decir sólo en santidad, sino que en todo; ¿y
no conoce, ama y recuerda él? Él no sería quien es si no
conociera, amara y recordara, y nosotros tampoco seríamos
nosotros mismos si no lo hiciéramos.[80]

**¿A quiénes ansía ver de nuevo en el Cielo? ¿Cree que le costará
mucho reconocerlos o recordarlos? ¿Cree usted que su memoria
será mejor o peor? ¿Cómo podría ser glorificado Dios por medio
de nuestra memoria?**

---

*Padre, gracias porque tenemos todas las razones para
anhelar reconocer y recordar a nuestra familia en el
Cielo y regocijarnos en tu presencia por las vidas que
compartimos y por las pruebas que pasamos juntos. En
aquel día veremos tu propósito con claridad y sabremos
sin sombra de duda sobre tu bondad y amor en medio de
los tiempos difíciles de pérdida, confusión y sufrimiento
que experimentamos en esta Tierra. Señor, recuérdanos
que cada adiós a un ser querido que te conoce no es el final
de nuestra relación sino sólo una interrupción, que será
seguida por una reunión gloriosa, y por recuerdos gratos de
nuestras vidas compartidas.*

EL MATRIMONIO Y LA FAMILIA

Ustedes . . . tienen muchas ganas de vernos, tanto como nosotros a ustedes. . . . ¿Cómo podemos agradecer bastante a nuestro Dios por ustedes y por toda la alegría que nos han proporcionado delante de él? Día y noche le suplicamos que nos permita verlos de nuevo.

— 1 Tesalonicenses 3:6, 9-10

Si yo supiera que nunca más reconocería a ese ser amado con quien pasé más de treinta y nueve años aquí en la tierra, mi anticipación por el cielo disminuiría. Decir que vamos a estar con Cristo y que eso será suficiente, es afirmar que vamos a estar sin instintos sociales y los afectos que tienen tanto significado para nosotros aquí. . . . La vida en el más allá no puede significar menos, sino mucho más y mejor de lo que hemos conocido la vida aquí en su mejor etapa. [81]

— W. Graham Scroggie

Cuando recibamos nuestro cuerpo glorificado y nos trasladamos a la Nueva Tierra, eso no borrará la historia sino que la culminará. Y nada negará o disminuirá el hecho de que somos miembros de familias aquí en la Tierra. Mis hijas siempre serán mis hijas, aunque primero y principalmente son hijas de

Dios. Mis nietos siempre serán mis nietos. El Cielo no será un lugar sin familias, sino que habrá *una gran familia feliz,* en la cual todos los miembros de la familia son amigos, y todos los amigos son parientes. Tendremos relaciones familiares con personas que fueron parte de nuestra familia genealógica en la Tierra, pero también tendremos relaciones familiares con nuestros amigos, tanto los viejos amigos como los nuevos.

Cuando alguien le dijo a Jesús que su madre y sus hermanos querían verlo, él respondió: "Mi madre y mis hermanos son los que oyen la palabra de Dios y la ponen en práctica" (Lucas 8:19-21). Jesús estaba diciendo que la devoción a Dios crea un lazo que trasciende los lazos familiares biológicos.

Jesús también dijo que los que lo siguen recibirán "hermanos, hermanas, madres, hijos" (Marcos 10:29-30). Yo pienso en esto cuando experimento una relación profunda de inmediato con un creyente que acabo de conocer. Si usted no pudo tener hijos en la Tierra o si ha estado separado de sus hijos, Dios le dará relaciones, tanto ahora como más tarde, que suplirán sus necesidades de guiar, ayudar, servir e invertir en otras personas. Si nunca tuvo un padre o una madre en los que pudo confiar, encontrará padres y madres dignos de confianza por todos lados en el Cielo, que le recordarán a su Padre celestial.

Así que, ¿habrá familia en el Cielo? Sí, habrá *una* gran familia —y ninguno de nosotros jamás será excluido de ella. Cada vez que veamos a alguien, será una reunión familiar. (Por supuesto que podremos sentirnos más cerca de ciertos miembros de la familia que de otros, pero no habrá rivalidad, envidia o animosidades.) Muchos de nosotros, incluido yo, valoramos mucho a nuestras familias. Pero muchas otras personas han sufrido toda una vida de intensas aflicciones que surgieron de relaciones familiares tergiversadas. En el Cielo, ni nosotros ni nuestras familias le causaremos dolor a nadie. Nuestras relaciones serán profundas y armoniosas.

Pero ¿qué diremos en cuanto al matrimonio?

Los saduceos, que no creían en la resurrección de los muertos, trataron de engañarle a Jesús con una pregunta sobre el Cielo. La intención de ellos era poner en ridículo a Jesús, y le hablaron de una mujer que tuvo siete esposos y que todos ellos habían muerto. Le preguntaron: "Ahora bien, en la resurrección, ¿de cuál de los siete será esposa esta mujer, ya que todos estuvieron casados con ella?" (Mateo 22:28).

Cristo les respondió: "En la resurrección, las personas no se casarán ni serán dadas en casamiento, sino que serán como los ángeles que están en el cielo" (Mateo 22:30).

Existen muchos malentendidos en cuanto a este pasaje. Una mujer me escribió: "Lucho con la idea de que no habrá matrimonio en el cielo. Creo que realmente lo voy a extrañar."

Pero la Biblia *no* enseña que no habrá matrimonio en el Cielo. De hecho, deja claro que *habrá* matrimonio en el Cielo. Lo que dice es que habrá *un* matrimonio, entre Cristo y su esposa —y todos seremos parte de dicho matrimonio. Pablo vincula al matrimonio humano a la realidad más alta que refleja: "Por eso dejará el hombre a su padre y a su madre, y se unirá a su esposa, y los dos llegarán a ser un solo cuerpo. Esto es un misterio profundo; yo me refiero a Cristo y a la iglesia" (Efesios 5:31-32).

La unión matrimonial en un solo cuerpo (o una sola carne) es una señal que indica nuestra relación con Cristo como nuestro esposo. Sin embargo, una vez que lleguemos al destino, la señal se hace innecesaria. Ese único matrimonio —nuestro matrimonio con Cristo— será tan completamente satisfactorio que ni aun el matrimonio terrenal más maravilloso podría ser tan satisfactorio. El matrimonio terrenal es una sombra, una copia, un eco del matrimonio verdadero supremo. Una vez que ese matrimonio final comienza, en la fiesta de las bodas del Cordero, todos los matrimonios humanos que señalaban hacia él habrán servido sus nobles propósitos y serán asimilados en el gran matrimonio que prefiguraban. "El propósito del matrimonio no es reemplazar al Cielo, sino prepararnos para él."[82]

El gozo del matrimonio en el Cielo será mucho mayor debido al carácter y amor de nuestro esposo. Me regocijo de que Nanci y yo los dos estaremos casados con la persona más maravillosa del universo. Él ya es la persona a quien amamos más —no existe competencia. En la Tierra, cuanto más nos acercamos a Cristo, tanto más nos acercamos el uno al otro. De seguro que lo mismo será cierto en el Cielo. Qué honor será saber siempre que Dios nos eligió el uno para el otro en esta primera Tierra para que podamos tener un anticipo de la vida con él en la Nueva Tierra. Espero que Nancy continúe siendo mi mejor amiga, aparte de Jesús. Y también espero que otras relaciones familiares no se pierdan, sino que se profundicen y enriquezcan.

¿Desaparecerán en la vida venidera las relaciones profundas que hemos edificado en esta vida? ¿O es más probable que comiencen en el punto en que se dejaron, y luego se hagan cada vez mejores? ¿Cómo podría ser glorificado Dios por medio de nuestras relaciones con nuestras familias, relaciones que se transportarán a la vida venidera?

Padre, estoy profundamente agradecido por la esposa que me diste. No hay nadie en la Tierra con quien preferiría estar que no fuera ella. Al crecer juntos en nuestro amor el uno por el otro, hemos crecido juntos en nuestro amor por ti. Te reconocemos como nuestra fuente de amor suprema. Gracias también por los padres, las hijas y los hijos con los que nos has bendecido. Anhelo disfrutar de nuestras relaciones a un millón de años desde ahora. El deleite que nos proporcionan nuestros nietos es un regalo que no tiene precio. Gracias, Jesús, porque has prometido que nos reuniremos con seres amados que han partido antes que nosotros. Gracias, porque las mejores relaciones aquí serán tanto mejores allí, en un mundo en el cual las cosas jamás se van a poner peores.

LAS AMISTADES EN EL CIELO: LAS VIEJAS Y LAS NUEVAS

Por eso les digo que se valgan de las riquezas mundanas para ganar amigos, a fin de que cuando éstas se acaben haya quienes los reciban a ustedes en las viviendas eternas.

— LUCAS 16:9

No hemos perdido a nuestros amados que han partido de esta vida, sino que simplemente los hemos enviado adelante de nosotros, así que nosotros también partiremos y llegaremos a esa vida en la cual serán mucho más queridos porque los conoceremos mejor, y los amaremos sin el temor de la partida.[83]

— AGUSTÍN

Tiene usted un amigo íntimo que ha ejercido una profunda influencia en usted? ¿Cree que ha sido una coincidencia que ese amigo haya estado en el piso de su internado en la universidad o que haya sido su compañero de cuarto? ¿Fue algo accidental que su pupitre o casilla del correo se encontrara cerca de la de él, o que la familia de él viviera en la casa de al lado, o que su padre fuera transferido cuando usted estaba en tercer grado para que viviera en el vecindario de él? Dios arregla las cosas en nuestras vidas. "De un solo hombre hizo todas las naciones para que habitaran toda la tierra; y determinó los períodos de su historia y las fronteras de sus territorios" (Hechos 17:26).

El vecindario en que usted vivió no fue algo fortuito, como tampoco lo fue quienes vivieron en la casa de al lado, las personas que asistieron a la escuela con usted, las que son miembros de su iglesia, y las que trabajan con usted. Nuestras relaciones fueron designadas por Dios, y existen todas las razones para creer que continuarán en el Cielo. El plan de Dios no se detiene en la Nueva Tierra, sino que continúa. Dios no abandona sus propósitos; los extiende y los cumple. Las amistades ordenadas por Dios que comenzaron en la Tierra continuarán en el Cielo, profundizándose más que nunca.

Cuando Dios dijo: "No es bueno que el hombre esté solo" (Génesis 2:18), él no solamente estaba hablando del matrimonio sino también de la necesidad general de compañerismo humano. Dios estaba diciendo: "Haré a estas personas para que se necesiten las unas a las otras." Dios se deleita en el amor que sus hijos tienen los unos por los otros.

Nada puede reemplazar jamás la experiencia de las relaciones amorosas en las luchas y los sufrimientos de la vida. Estamos labrando una camaradería duradera como la de los soldados en el campo de batalla. Y cuando lleguemos al Cielo, no es probable que olvidemos nuestra experiencia común de luchar batallas espirituales lado a lado, vigilándonos la espalda mutuamente en las trincheras de esta Tierra caída.

Pienso en mi amigo íntimo Steve Keels. Hemos caminado lado a lado durante muchos años, hemos reído, llorado y orado juntos, y nos hemos ayudado mutuamente en tiempos de gozo y de dolor. Seguramente relaciones como esta no van a disminuir en el Cielo, sino que serán aún mejores.

Me imagino estar sentado al lado de una fogata en el Cielo, intercambiando historias de los tiempos maravillosos que pasamos en la Tierra. Tiempos en los que nos volvimos a nuestro Comandante y confiamos en él para que nos guiara y sostuviera en nuestras largas marchas. Tiempos en los que nos apoyamos en nuestros compañeros en busca de fuerzas, cuando nos cuidamos los unos a los otros, y cuando nos guiamos y llevamos los unos a los otros a través de los campos de minas. Tiempos en los que nos deleitamos en la compañía de familiares y amigos, "conciudadanos . . . y miembros de la familia de Dios" (Efesios 2:19).

Después de hablar del deseo del siervo astuto de usar sus recursos terrenales para asegurarse de que "haya gente que me reciba en su casa" (Lucas 16:4), Jesús les dijo a sus seguidores "que se valgan de las riquezas mundanas [recursos terrenales] para ganar amigos [haciendo una diferencia en sus vidas en la Tierra]." ¿La razón? "A fin de que cuando éstas se acaben [cuando se acabe la vida en la Tierra], haya quienes los reciban a ustedes en las viviendas eternas" (v. 9).

Estos amigos parecen ser aquellos cuyas vidas hemos tocado en la Tierra y que ahora tienen sus propias "viviendas eternas." Lucas 16:9 parece decir que estas "viviendas eternas" de nuestros amigos son lugares en los cuales estaremos y disfrutaremos compañerismo con amigos, tal vez mientras nos movemos a través del Reino celestial. Tal vez algunos de estos amigos sean nuevos amigos, pero seguramente muchos serán personas que ya conocemos, en cuyas vidas ya hemos invertido.

¿Creo que Jesús está sugiriendo que en realidad compartiremos alojamiento, comidas y comunión con amigos en el Reino de Dios? Sí. Estoy consciente de que algunas personas tal vez piensen que esta idea es inverosímil. *¿Pero por qué?* Porque cuando pensamos en el Cielo, por lo general no pensamos en personas resucitadas viviendo en una Tierra resucitada, morando en viviendas, y comiendo y compartiendo juntas. Pero es eso *exactamente* lo que nos enseñan las Escrituras.

¿Serán más cercanas algunas amistades que otras? Jesús estuvo más cerca de Juan que de ningún otro de sus discípulos. Jesús estuvo más cerca de Pedro, Santiago y Juan que del resto de los doce, y más cerca de los doce que de los setenta, y más cerca de los setenta que de sus otros seguidores. Él estuvo muy cerca de Lázaro, María y Marta. Él estuvo tan cerca de su madre que cuando estaba muriendo en la cruz le dio instrucciones a Juan para que la cuidara después de su muerte. Puesto que Cristo fue más cercano a ciertas personas que a otras, es claro que no puede haber nada de malo en eso.

En el Cielo no habrá camarillas, exclusividad, arrogancia, presunciones, desprecio o celos. Cuando los amigos disfrutan particularmente la compañía mutua, están reflejando el diseño de Dios. Si cuando usted camine por la Nueva Jerusalén, ve a Adán y Eva tomados de las manos mientras miran al árbol de la vida, ¿envidiaría usted la amistad especial de ellos?

Tal vez usted está desilusionado porque nunca ha tenidos las amistades que anhela tener. En el Cielo, tendrá relaciones más cercanas con algunas personas que conoce ahora, pero también es posible que tal vez no haya conocido todavía a los amigos más íntimos que jamás tendrá. Tal vez su mejor amigo será alguien que esté sentado a su lado en la primera gran fiesta. Después de todo, el Dios soberano que arregla las amistades estará a cargo de quién se sienta en cada lugar.

En la Nueva Tierra experimentaremos el gozo de la familiaridad en las viejas relaciones y el gozo del descubrimiento en las nuevas. A medida que llegamos a conocernos mejor los unos a los otros, conoceremos mejor a Dios. Y cuando encontremos gozo los unos en los otros, encontraremos gozo en él. Ninguna relación humana eclipsará nuestra relación con Dios. Todas servirán para realzarla.

En su canción "Thank You [Gracias]," Ray Boltz nos describe en el Cielo, conociendo a personas que explican cómo lo que dimos tocó sus vidas. Cada vez que damos dinero para las misiones y para alimentar a los hambrientos, deberíamos pensar en la gente con la que nos encontraremos en el Cielo. ¿Quién sabe? Tal vez alguna de las personas que hemos ayudado y personas por las cuales hemos orado un día lleguen a ser nuestros amigos más íntimos.

¿Qué piensa de la idea de conocer a gente nueva y desarrollar nuevas amistades en el Cielo? ¿Lo emociona esa idea?

Padre, qué maravilloso es pensar en amistades, tanto las viejas como nuevas, en el Cielo. Gracias porque disfrutaste de amigos cercanos en la Tierra. Pero también gracias porque tus amistades fueron inclusivas. Señor, ayúdanos a disfrutar las amistades que tenemos, y a anhelar las amistades que nos esperan en tu Reino, donde tendremos tiempo y oportunidad de reavivar muchas amistades que no hemos tenido tiempo para desarrollar, mantener las que actualmente tenemos y desarrollar nuevas amistades. Gracias porque nos has creado para que necesitemos a otras personas. Gracias porque tú suples muchas de nuestras necesidades a través de las amistades que nos has dado. Ayúdanos a anticipar el día cuando las amistades se elevarán a su nivel más alto, desarrolladas en tu presencia.

SE RECUPERAN OPORTUNIDADES PERDIDAS

Dichosos ustedes que ahora pasan hambre, porque serán saciados. Dichosos ustedes que ahora lloran, porque luego habrán de reír.... Alégrense en aquel día y salten de gozo, pues miren que les espera una gran recompensa en el cielo.
— Lucas 6:21, 23

No es necio el que da lo que no puede retener para ganar lo que no puede perder.[84]   — Jim Elliot

Una joven que estaba visitando a una misionera en la parte oriental de Europa le preguntó: —¿No es difícil para usted estar tan lejos de sus hijos [adultos] y perderse tantos acontecimientos importantes en las vidas de ellos?

—Por supuesto que sí —le respondió la misionera—. Pero en el Cielo tendremos todo el tiempo juntos que queramos. Ahora hay trabajo del Reino que debe ser hecho.

Esta mujer ama entrañablemente a su familia y la extraña, y valora mucho el tiempo que pasa con ellos. Pero también sabe dónde está su verdadero hogar, y que la vida allí será la vida verdadera. Sabe que las relaciones en el Reino de Dios serán aún mejores que las que hayamos conocido aquí.

Yo creo que podremos recuperar lo que sea que perdimos por servir fielmente a Dios. ¿No encaja eso con la promesa de Cristo de que los que ahora lloran por una pérdida un día reirán a la luz de su ganancia?

Considere los millones de creyentes que han sufrido y muerto en prisiones debido a su fe, que fueron arrebatados de sus familias, privados de oportunidades que anhelaban con hijos, padres y cónyuges. ¿No estaría de acuerdo al carácter de Jesús recompensarlos en la Nueva Tierra con oportunidades para hacer las mismas cosas que perdieron, y también cosas mucho mejores? Tal vez de alguna forma, en la Nueva Tierra, las esposas y los hijos de los cinco misioneros que fueron matados en Ecuador en enero de 1956 por los indios Waodani recibirán "tiempo compensatorio" con sus seres amados.

El Cielo ofrece más que consuelo, ofrece *compensación*. De la misma forma en que los que padecen hambre serán saciados en el Cielo, y los que lloran reirán, ¿experimentarán una recompensa compensatoria los que sufren tragedias? Tal vez mi amigo Greg, quien perdió la vida cuando era adolescente en un trágico accidente, experimentará en la Nueva Tierra una forma mayor de gozo que la que hubiera experimentado en esta Tierra si no hubiera muerto tan joven. Tal vez todo lo que mi madre perdió porque murió cuando mis hijas eran muy jóvenes lo recibirá en el Cielo. Ella era una fiel sierva de Dios y amaba a sus nietas. Aunque no lo puedo probar, creo que Dios le permitió a mi mamá verlas casar y ser madres, pero un día ella hará más que observarlas. Yo creo que es posible que cuando estén juntas en la Nueva Tierra, disfrutarán todo el tiempo que perdieron de disfrutar juntas. Tal vez los que han perdido hijos debido a abortos espontáneos o a enfermedades y accidentes se les dará tiempo compensatorio con ellos en el nuevo mundo.

En la película *Babette's Feast,* una chef culinaria parisiense se vio obligada a irse de su hogar debido a las vicisitudes de la guerra. Babette llega a una aldea, azotada por el viento, de la costa de Dinamarca, donde trabaja de sirvienta de dos mujeres que dirigen una pequeña secta de austeros creyentes que rechazan las cosas mundanas tales como la alta cocina. Babette llega a amar a esas dos ancianas hermanas. Cuando recibe una gran cantidad de dinero, lo gasta todo en una sola comida que da para las hermanas y los amigos de estas. Es una figura de la abundante gracia de Dios. Babette se da cuenta de que nunca más podrá permitirse el lujo de dar un regalo así o de preparar una comida como esa. Una de las hermanas es una cantante muy dotada que tuvo muy poca oportunidad de desarrollar su don. Conmovida por la generosidad de Babette, la consuela: "Yo siento, Babette, que este no es el fin. ¡En el Paraíso tú serás la gran artista que Dios tuvo la intención de que fueras! . . . ¡Ah, y cómo les encantarás a los ángeles!"[85]

Para los que conocen a Dios, este sentimiento es bíblico. Él es un Dios que redime oportunidades perdidas —especialmente las que perdimos debido a nuestro servicio fiel.

Yo creo que una vez que la maldición sea quitada, y que la muerte sea para siempre anulada, podremos vivir muchos de los "podría haber sido" que nos fueron robados en esta vida.

Un día, Nanci me leyó algunas cartas, traducidas del sueco, que Ana Swanson, su abuela, le había escrito a su familia en Suecia en 1920. Ana sufría severos problemas de salud. Mientras ella se encontraba en Montana, donde la estaban cuidando algunos familiares, su esposo, Edwin, estaba en Oregón trabajando y cuidando a sus siete hijos noche y día. Las cartas de Ana cuentan la forma en que Edwin se agotó, se enfermó y murió. Debido a que Ana estaba demasiado enferma como para cuidar a sus pequeños hijos, todos ellos, incluyendo a Adele, la madre de Nanci, fueron dados en adopción. Las cartas de Ana reflejan su corazón destrozado, su continuo sentimiento de culpa . . . *y* su fe en Dios.

Nanci y yo nos sentimos embargados por las lágrimas cuando leímos esas cartas. ¡Qué vidas tan trágicas! ¡Qué desilusión y dolor inconsolables! Ana y Edwin amaban a Jesús. Una vez tuvieron grandes sueños para sus vidas y su familia. Pero la mala salud, la desgracia, la separación y la muerte les quitaron el uno al otro, a sus hijos y sus sueños.

¿O no se los quitaron?

Mientras Nanci y yo hablábamos, consideramos lo que Dios podría elegir darle en la Nueva Tierra a esta familia rota. Tal vez irán juntos a la clase de lugares que habrían visitado si la salud y las finanzas se lo hubieran permitido. Por cierto que Ana no estará sufriendo por las enfermedades, la fatiga, el dolor, la ansiedad y la culpa. ¿No es posible que nuestro Dios, quien se deleita en la redención, la renovación y la restauración, les dé los maravillosos tiempos familiares que les fueron robados en esta primera Tierra?

¿Qué fue lo que Ana pensó cuando leyó: "En nada se comparan los sufrimientos actuales con la gloria que ha de revelarse en nosotros" (Romanos 8:18)? Tal vez el Dios de las segundas oportunidades no simplemente consolará a Ana quitando el sufrimiento por lo que perdió. Tal vez de alguna forma él va a realmente *restaurarle* lo que perdió. Yo creo que Dios no sólo va a quitar el sufrimiento; él nos recompensará al darnos mayores deleites que si no hubiera habido sufrimiento. Él no simplemente nos seca las lágrimas; él reemplaza esas lágrimas con gozos correspondientes.

Cuando yo visite a Ana Swanson en la Nueva Tierra, espero ver completamente cumplidas las promesas de Dios en su vida de maneras muy dramáticas, inesperadas y gozosas.

¿Ha perdido usted algunas oportunidades que Dios puede restaurar en la Nueva Tierra? ¿Conoce a algunas personas que le gustaría ver que Dios recompensa por su fidelidad al compensarlos por lo que perdieron en esta vida? ¿Cree usted que esto estaría de acuerdo al carácter de Dios y a las promesas de la Biblia?

Señor, líbranos de la creencia errada de que sólo pasaremos por esta Tierra una vez, y de que esta es nuestra única oportunidad de disfrutar la vida. Ayúdanos a entender que en la Tierra que ha de venir tú vas a recompensar las decisiones que nos costaron sacrificios, y que nos compensarás por las adversidades que hemos enfrentado. Gracias porque no te has olvidado de Ana Swanson, quien vive contigo ahora. Gracias porque tú la tendrás a ella, y a millones como ella, presentes mientras construyes nuestro hogar lleno de gozo, la Nueva Tierra.

RAZAS Y NACIONES

Las naciones caminarán a la luz de la ciudad, y los reyes de la tierra le entregarán sus espléndidas riquezas [a la Nueva Jerusalén]. . . . Y llevarán a ella todas las riquezas y el honor de las naciones. — APOCALIPSIS 21:24, 26

Como el Cordero de Dios tomará todas las riquezas de la tierra, los artefactos y los instrumentos de la cultura; los reyes de la tierra le entregarán su autoridad y poder al Cordero que está sentado en el trono; Jesús es aquel cuya sangre ha comprado una comunidad multinacional, formada de personas de cada tribu y lengua y nación. Su ministerio redentor . . . es cósmico en alcance.[86] — RICHARD MOUW

Tendremos identidades étnicas y nacionales en el Cielo? Creo que la respuesta bíblica es sí.

¿Es judío el Jesús resucitado? Por supuesto que sí. Él continuará siendo descendiente de Abraham, Isaac, Jacob y David. (El hecho de que él es de la línea de David es una parte fundamental de su título al reino en Jerusalén). ¿Sabremos que Cristo es judío? Por cierto que sí. Nuestros nuevos cuerpos, que son los cuerpos viejos resucitados a nueva vida, salud y vitalidad, ¿tendrán todavía un código genético que incluya las características de nuestra descendencia étnica? Yo creo que sí; esta continuidad es lo que hace que nuestros cuerpos sean verdaderamente *nuestros*. No veo razón alguna por la cual nuestros cuerpos no tengan un ADN diseñado especialmente por Dios. Nuestro ADN resucitado será sin imperfecciones, pero preservará nuestras características únicas diseñadas por Dios en cuanto a la raza y a otras cosas.

He aquí lo que dice la Biblia: "Y cantaban un nuevo cántico diciendo: Digno eres . . . con tu sangre nos has redimido para Dios, de todo linaje y lengua, pueblo y nación; y nos has hecho para nuestro Dios reyes y sacerdotes, y reinaremos sobre la tierra" (Apocalipsis 5:9-10, RV60). ¿Quiénes servirán como reyes y sacerdotes de la Nueva Tierra? No serán personas que *antes* eran de toda raza, lengua, pueblo y nación, sino personas que todavía tienen esas distinciones.

Parece que no sólo distinciones raciales sino también nacionales continuarán en el Cielo eterno. ¿Cómo lo sabemos? Porque Apocalipsis 21:24-26 habla claramente de naciones en la Nueva Tierra: "Las naciones caminarán a la luz de la ciudad, y los reyes de la tierra le entregarán sus espléndidas riquezas [a la Nueva Jerusalén]. Sus puertas estarán abiertas todo el día, pues allí no habrá noche. Y llevarán a ella todas las riquezas y el honor de las naciones." La expresión "espléndidas riquezas" aquí es probable que se refiera a tesoros culturales que le son llevados como tributo a Jesús, el Rey de reyes, sentado en el trono en Jerusalén.

En Apocalipsis 5:9-10, la palabra *linaje* se refiere al grupo (o clan) y a la ascendencia de una persona. La palabra *pueblo* a menudo se refiere a la raza, y la palabra *nación* a aquellos que comparten una identidad nacional y cultural. Yo creo que es un error ver a las naciones y a las razas simplemente como productos de la torre de Babel. Como nuestro Creador soberano, Dios se glorifica a sí mismo en nuestras identidades distintivas, y en nuestra unidad que las trasciende.

Herman Bavinck dijo lo siguiente de la Nueva Tierra: "Todas esas naciones —cada una de acuerdo a su carácter nacional distintivo— traen a la Nueva Jerusalén todo lo que han recibido de Dios en cuanto a gloria y honor."[87]

Al igual que la actual Jerusalén terrestre, la Nueva Jerusalén será un crisol de diversidad étnica. Pero a diferencia de la ciudad actual, los grupos en la Nueva Jerusalén estarán unidos por su adoración común al Rey Jesús. Se deleitarán en las diferencias mutuas, y nunca se resentirán o sentirán temor de ellas.

Desdichadamente, en este mundo bajo la Maldición, a menudo ha habido hostilidad entre las razas y las naciones. Estamos divididos por el pecado y la intolerancia de las diferencias en la apariencia, el idioma y la cultura. Hablando de la división racial entre los judíos y los gentiles, Pablo dice: "Porque Cristo es nuestra paz: de los dos pueblos ha hecho uno solo, derribando mediante su sacrificio el muro de enemistad que nos separaba. . . . Esto lo hizo para crear en sí mismo de los dos pueblos una nueva humanidad al hacer la paz, para reconciliar con Dios a ambos en un solo cuerpo mediante la cruz, por la que dio muerte a la enemistad" (Efesios 2:14-16).

Cristo murió por nuestros pecados de racismo. Su obra en la cruz hizo morir al racismo. La redención de la humanidad y de la tierra incluirá la redención de las relaciones humanas y la unidad en Cristo de diferentes grupos étnicos. Los grupos racistas que dicen ser cristianos son lo opuesto a la cristiandad. No habrá prejuicios raciales en el Cielo. No habrá ilusiones de superioridad racial o nacional, ni habrá disputas sobre fronteras.

Algunos eruditos sostienen que la imagen de Dios tiene una dimensión corporativa: "No hay ni un individuo o grupo humano que pueda totalmente portar o manifestar todo lo que involucra la imagen de Dios, así que hay un sentido en el cual esa imagen se posee colectivamente. La imagen de Dios es, por así decirlo, dividida entre las naciones de la tierra. Al mirar a diferentes individuos y grupos tenemos vislumbres de los diferentes aspectos de la imagen de Dios total."[88]

Si esto es cierto, y yo creo que lo puede ser, entonces el racismo no es solamente una injusticia hacia la gente sino también un rechazo a la misma naturaleza de Dios. En la Nueva Tierra nunca celebraremos el pecado, pero celebraremos la diversidad en el sentido bíblico. Nunca trataremos de mantener a la gente afuera. La recibiremos con agrado, poniendo en práctica la hospitalidad con cada viajero.

La paz en la Tierra será basada en nuestro líder común, Cristo el Rey, quien él solo es la fuente de: "Gloria a Dios en las alturas, y en la tierra paz a los que gozan de su buena voluntad" (Lucas 2:14). La paz en la Tierra no se logrará por la anulación de nuestras diferencias sino por una lealtad unificada al Rey, una lealtad que trasciende las diferencias y es enriquecida por ellas. Tenemos tanto que aprender los unos de los otros, y hay tanto que aprender acerca de Dios de las características distintivas que él ha colocado en cada una de las diferentes razas y naciones.

¿Se siente entusiasmado por la idea de las distinciones raciales y nacionales en la Nueva Tierra? ¿Cómo cree que Dios será glorificado por esas distinciones?

Padre, gracias porque tienes un mundo que nos espera en el cual lo mejor de cada cultura y herencia de la humanidad será preservado, y en el cual todo lo que no te da honor va a ser destruido para siempre. Gracias porque disfrutaremos para siempre las riquezas de ser conciudadanos en tu reino con personas de todo linaje, nación y lengua. ¡Qué deleite será ver tu carácter revelado con más claridad a través de los diferentes grupos étnicos! Ayúdanos a dedicar nuestras oraciones, nuestro dinero y nuestro servicio a la causa de las misiones mundiales, para que seamos tus instrumentos en alcanzar para Jesús a personas de todo linaje, nación y lengua. Ayúdanos a tratar con el más profundo respeto a los que son diferentes a nosotros, incluyendo a las minorías raciales y a los inmigrantes en nuestras comunidades, escuelas y lugares de trabajo. Que seamos tus embajadores a todos los que no te conocen, y que ellos puedan encontrar en ti lo que buscan en lo profundo de sus corazones.

EL DESARROLLO DE LA CULTURA

Dios el SEÑOR tomó al hombre y lo puso en el jardín del
Edén para que lo cultivara y lo cuidara. . . . Jabal . . . fue
el antepasado de los que viven en tiendas de campaña y
crían ganado. Jabal tuvo un hermano llamado Jubal, quien
fue el antepasado de los que tocan el arpa y la flauta. Por
su parte Zila dio a luz a Tubal Caín, que fue herrero y
forjador de toda clase de herramientas de bronce y de
hierro.   — GÉNESIS 2:15; 4:20-22

*La felicidad del cielo no es como el estado plácido de un lago en
una montaña donde las ondas del agua casi no disturban la
tranquilidad de su agua. El cielo es más parecido a las olas que
se agitan en el río Misisipi cuando este produce inundaciones.* [89]
                                        — SAM STORMS

El arte, la música, la literatura, las artesanías, la tecnología,
la costura, la joyería, la educación, la preparación de comidas —todo eso es parte de la sociedad o cultura, lo cual es el
logro creativo de los que llevan la imagen de Dios. Las creaciones
humanas son una extensión de la propia obra creativa de Dios
porque él nos creó para que lo reflejáramos siendo creadores.

Como seres humanos glorificamos a Dios tomando lo que Dios hizo de la nada y dándole forma en cosas que nos sirven a nosotros y que le dan gloria a Dios. El universo completo —incluyendo los ángeles y los seres vivientes en el Cielo— debería mirar nuestra creatividad, nuestros logros artísticos, y ver a Dios en nosotros, que somos los portadores de su imagen. Si eso es cierto ahora, ¿cuánto más cierto será cuando no haya nada en nosotros que deshonre a Dios?

Deberíamos esperar que las dinámicas sociales de la Tierra se transportaran a la Nueva Tierra, excepto cuando son producto de nuestra condición caída o cuando Dios revela de otra forma. Es cierto que con los motores han llegado la contaminación y los accidentes mortales, con la imprenta y la publicación han surgido libros y revistas impíos, y con la televisión ha llegado la glorificación de la inmoralidad y del materialismo. Las computadoras han abierto el camino a la increíblemente destructiva pornografía en Internet. La separación del átomo generó una bomba destructora y la pérdida de vidas humanas. Con los avances médicos han llegado el aborto y la eutanasia. Sin embargo, *ninguno de estos derivados negativos es intrínseco a los avances culturales mismos.* Imagínese esos adelantos usados exclusivamente para propósitos justos, sin el pecado que los manche.

Anthony Hoekema dice: "En el principio se le dio al hombre el así llamado mandato cultural —el mandato de gobernar la tierra y de desarrollar una cultura que glorifique a Dios. Debido a que el hombre cayó en pecado, ese mandato cultural nunca ha sido llevado a cabo de la forma en que Dios quiso que se hiciera. Sólo en la nueva tierra será llevado a cabo perfectamente y sin pecado. Sólo entonces podremos gobernar la tierra de manera apropiada."[90]

¿Hubiera habido cultura humana sin la Caída? Por supuesto que sí. La cultura es el producto natural que Dios diseñó cuando dotó, equipó y llamó a la humanidad para que gobernara su creación. Después de la Caída, las Escrituras describen desarrollo en la agricultura, la creación de instrumentos musicales y la metalúrgica (Génesis 4:20-22). Si Dios no hubiera tenido interés en esas mejoras culturales, las Escrituras no se hubieran referido a ellas. Dios creó a los que llevan su imagen para que lo glorificaran por medio de logros creativos, y a él le agradan dichos logros. Dios está a favor de la cultura; él es el artista creador que se encuentra detrás y sobre la cultura humana.

"Dios el Señor tomó al hombre y lo puso en el jardín del Edén para que lo cultivara y lo cuidara" (Génesis 2:15). En la historia de la humanidad, solamente dos personas, Adán y Eva, apenas comenzaron a gustar lo que fue llevar a cabo el mandato de Dios de someter la Tierra, y no llegaron muy lejos. ¿Le faltó previsión a Dios? ¿No anticipó él esto? ¿Abandonó Dios su idea original? No. Él tenía un plan que cumpliría su diseño original de formas más altas. La cultura resucitada alcanzará alturas cada vez mayores, alturas que ninguna sociedad ha visto hasta ahora.

Al igual que Dios puso a Adán y Eva en el jardín del Edén para que gobernaran la tierra, él pondrá a la humanidad redimida en la Nueva Jerusalén para que gobierne la Nueva Tierra. Al igual que diseñó a Adán y Eva para que desarrollaran el medio ambiente y la cultura, ¿no esperará que usemos nuestras habilidades mejoradas para desarrollar la Nueva Tierra? Más que comenzar de nuevo en un jardín sin desarrollar, Dios nos hará comenzar en la Nueva Tierra en una ciudad bien desarrollada. Pero seguramente esperará que nosotros, los portadores de su imagen, la desarrollemos más. Por cierto que esa es la forma en que nos ha creado.

En su libro titulado *The Promise of the Future [La Promesa del Futuro]*, Cornelius Venema escribe: "Cada fruto excelente y legítimo de la cultura humana será llevado y contribuirá al esplendor de la vida en la nueva creación. En lugar de que la nueva creación sea un nuevo comienzo radial, en el cual todos los frutos nobles y excelentes del cumplimiento del mandado cultural a la humanidad sean completamente descartados —la nueva creación se beneficiará de ellos, y será inmensamente enriquecida al recibir dichos frutos."[91]

Paul Marshall habla de la generalizada pero errada noción de que "hemos arruinado el mundo: lo que ahora es importante es que rescatemos a la gente de los despojos."[92] Él llama a esto *teología del bote salvavidas:* "Es como si la creación fuera el *Titanic,* y ahora que hemos chocado contra el iceberg del pecado, no nos queda otra cosa que hacer sino entrar a los botes salvavidas. El barco se hunde rápidamente, Dios ha desistido en cuanto a él y ahora está preocupado sólo de que sobreviva su pueblo. Cualquier esfuerzo que hagamos para rescatar la creación de Dios es como arreglar las sillas de la cubierta. En cambio, dicen algunos, nuestra única tarea es meternos en los botes salvavidas, mantenerlos a flote, sacar a las víctimas que están en el agua, y navegar hasta que lleguemos al cielo donde todo estará bien."[93]

Marshall dice que esta es la conjetura y la perspectiva que apoyan muchos cristianos evangélicos. Él propone una alternativa a la teología del bote salvavidas, que él llama *teología del arca:* "El arca de Noé no solamente salvó a personas, sino que también preservó a otras criaturas de Dios. El arca no fue para huir, sino para retornar a la tierra y comenzar de nuevo. Una vez que las aguas del diluvio bajaron, *la intención fue que todos los que estaban en el arca retornaran para restaurar la tierra*" (itálicas añadidas).[94]

Que Dios preservara al hombre, a la tierra y a los animales demuestra que él no ha dejado de lado a su creación. De hecho, después de la caída, él le ordenó a Noé lo mismo que les había ordenado a Adán y Eva antes de la Caída: "Sean fructíferos y multiplíquense; llenen la tierra" (Génesis 1:28; 9:1). Noé entonces plantó una viña (Génesis 9:20), y la humanidad comenzó de nuevo a trabajar en la tierra.

Arthur Roberts escribe:

> El auge de la civilización humana tiene indicios de un esplendor venidero. La civilización ha traído salud y seguridad. Ha traído libertad de los trabajos arduos y ha provisto placer creativo a millones de personas. ¡Cuánto más, libre de la maldición del pecado, florecerá la civilización! Ya estamos investigando las galaxias. Ya hemos catalogado el genoma humano. Cuando ya no exista la maldición del pecado, seguramente los seres humanos en el Cielo se convertirán en mayordomos activos del Señor para completar o extender el universo de cosas y de ideas. Toda la creación gime esperando la redención humana. La civilización no es vieja; ¡apenas ha comenzado![95]

¿Lo entusiasma la perspectiva de una cultura renovada y expandida en la Nueva Tierra? ¿Qué es lo que anhela? ¿Cómo podría la cultura humana redimida glorificar a Dios en los siglos venideros?

Padre, gracias porque nuestros dones, posesiones e intereses especiales no son un accidente, sino que son parte de la forma en que tú nos has creado. Gracias porque en forma tan maravillosa nos has diseñado a cada uno de nosotros para expresar tu gloria de manera singular. Y seguramente esto será manifestado mucho más en la Nueva Tierra, donde para siempre estaremos libres de todo lo que nos perjudica y nos deprime. Padre, qué maravilloso será inventar, diseñar y hacer cosas que mejoren nuestra cultura redimida, y llevar tu gloria hasta los confines del universo. Que tu obra hoy sea enriquecida y motivada por este destino que has colocado ante nosotros.

LA RISA

Dichosos ustedes que ahora lloran, porque luego habrán de reír.
— Lucas 6:21

Cuando me arrodillé en la ribera del arroyo
Para beber vida eterna, eché
Una mirada al dorado césped,
Y vi a mi perra, mi querida Blackie, viniendo
Hacia mí a toda velocidad. Saltó por encima del arroyo
—Casi— y qué brillo de felicidad
Vi en sus ojos. Me arrodillé
Para beber, y supe que estaba
A punto de encontrar gozo sin fin.
Y dondequiera que fijé mis ojos
Vi una maravilla allí.[96]
— John Piper

Quién dijo: "Si no se nos permite reír en el cielo, no quiero ir allí"? (Una pista: no fue Mark Twain.)

El que lo dijo fue Martín Lutero. Yo creo que en el Cielo nuestro gozo irrumpirá en risa. Cuando la risa se produce por lo que es apropiado, Dios se deleita en ello. Creo que Cristo reirá con nosotros, y su ingenio y su naturaleza amante de la diversión serán nuestras fuentes más grandes de risa sin fin.

¿Dónde se originó el sentido del humor? No en la gente, ni en los ángeles ni Satanás. Dios creó todas las cosas buenas, incluyendo el sentido del humor. Si Dios no tuviera sentido del humor, nosotros como portadores de su imagen tampoco lo tendríamos. Si Dios no tuviera sentido del humor, tal vez no tendríamos cerdos hormigueros, mandriles, ornitorrincos ni jirafas. Tiene que sonreír cuando se imagina uno de ellos, ¿no es verdad?

No hay nada como la risa de amigos queridos. La Biblia nos presenta a menudo alrededor de una mesa de comer en el Reino venidero de Dios. ¿Qué sonido escucha usted cuando los amigos se reúnen para comer y hablar? El sonido de la risa.

A mi esposa, Nanci, le encanta el fútbol americano. Ella abre nuestro hogar a familiares y amigos para mirar los partidos de fútbol los lunes en la noche. Actualmente hay cinco niños pequeños en el grupo y nos mantienen riendo. Si usted viniera a nuestra casa los lunes en la noche, escucharía vítores y quejidos por los equipos de fútbol, pero el sonido dominante en el lugar, semana tras semana, es el de la risa. Se comparten historias de la familia y del trabajo, y conversaciones serias, y nos detenemos para orar —todo eso rodeado de momentos de risa. Dios nos hizo para reír y para que nos encante reír.

En el nuevo universo sonará la risa. ¿Estoy simplemente especulando en cuanto a esto? No. Puedo señalar pasajes de la Biblia que vale la pena aprender de memoria. Jesús dijo: "Dichosos ustedes que ahora pasan hambre, porque serán saciados. Dichosos ustedes que ahora lloran, porque luego habrán de reír" (Lucas 6:21). *Usted reirá.*

¿Dónde seremos saciados? En el Cielo. ¿Dónde reiremos? En el Cielo. ¿Podemos estar seguros de esto? Sí, porque Jesús nos dice precisamente cuándo se cumplirá esta promesa: "Alégrense en aquel día y salten de gozo, pues miren que les espera una gran recompensa en el cielo" (Lucas 6:23).

Al igual que Jesús promete satisfacción en el Cielo, él también promete la risa como una recompensa. Al anticipar la risa venidera, Jesús dice que deberíamos "saltar de gozo" ahora. ¿Se puede usted imaginar a alguien saltando de gozo en completo silencio, sin reírse? Fíjese en cualquier grupo de gente que se regocija, ¿y qué es lo que escucha? Risa. Tal vez se abracen, se den palmaditas en la espalda, luchen juguetonamente, canten y cuenten historias. *Pero siempre hay risa.* Es el don de Dios a la humanidad. De seguro que la risa no se reducirá sino que será elevada a nuevos niveles después de la resurrección final.

La recompensa de los que ahora lloran será que reirán más tarde. Pasajes tales como Lucas 6 les dieron a los cristianos primitivos la fortaleza para resistir la persecución al proveerles "una comprensión del cielo como compensación por privilegios terrenales perdidos."[97] En la tradición griega cristiana temprana, el lunes de pascua era "un día de gozo y risa," llamado Lunes Brillante. Sólo los seguidores de Cristo pueden reír cuando enfrentan la persecución y la muerte porque saben que sus problemas presentes no son todo lo que existe. Saben que algún día reirán.

Por la gracia de Dios, podemos reír ahora, aun bajo la sombra de la muerte. Jesús no dice: "Si lloras, muy pronto las cosas en la Tierra cambiarán para mejor, y entonces reirás." Las cosas no siempre cambian para mejor en una Tierra que está bajo la maldición. La enfermedad, la pérdida, la aflicción y la muerte nos van a afectar. Al igual que nuestra recompensa vendrá en el Cielo, la risa (que es una de nuestras recompensas) llegará en el Cielo, compensándonos por nuestras aflicciones presentes. Dios no sólo enjugará todas nuestras lágrimas, también llenará nuestro corazón de gozo y nuestra boca de risa.

Aun aquellos que son pobres, están enfermos o sufriendo pueden experimentar risa terapéutica. La gente en las honras fúnebres a menudo ríe. Los momentos más libres de cuidado en la Tierra producen risa. Y si ahora podemos reírnos mucho —en un mundo lleno de pobreza, enfermedad y desastres— entonces por seguro que lo que nos espera en el Cielo es mucha más risa.

Una de las mentiras más grandes de Satanás es que Dios —y la bondad— son sin gozo y sin sentido del humor, mientras que Satanás —y el mal— traen placer y satisfacción. En realidad, es Satanás el que no tiene sentido del humor. El pecado no le trajo gozo a Satanás; le quitó el gozo para siempre. En contraste, imagínese a Jesús y a sus discípulos. Si no puede imaginarse a Jesús haciéndoles bromas y riendo con ellos, usted debe evaluar su teología de la creación y la encarnación. Necesitamos una teología bíblica del sentido del humor que nos prepare para una eternidad de celebración, de risa espontánea y de rebosante gozo.

C. S. Lewis describe la risa en el Cielo cuando sus personajes asisten a la gran reunión en la nueva Narnia: "Y hubo un alboroto de saludos y besos y darse la mano y recordar viejos chistes (no tienes idea lo bien que suena un chiste viejo cuando lo vuelves a sacar a luz después de un reposo de quinientos o seiscientos años)."[98]

¿Quién es el más inteligente, creativo, ingenioso, y gozoso ser humano de todo el universo? Jesucristo. ¿Quién reirá más fuerte y con la risa más contagiosa en la Nueva Tierra? Jesucristo.

Cuando usted se enfrenta con dificultades y desánimo, mantenga la vista en la fuente de su gozo. Recite la promesa de Cristo para el nuevo mundo, una promesa que hace eco en los lugares más alejados del universo: *Usted reirá.*

¿Anhela reírse en el Cielo? ¿Está experimentando el gozo de Cristo de manera que ahora hay mucha risa en su vida?

Padre, hoy, ahora mismo, de la forma en que nos sentimos,
con plazos que cumplir, con problemas en la salud,
con amigos que sufren y con la inestabilidad mundial,
necesitamos escuchar tu promesa de que nos vamos a reír en
el Cielo. Nos imaginamos a Jesús riendo con sus discípulos,
y casi no podemos esperar para escuchar su risa en persona.
Anhelamos reír con él en banquetes, en caminatas y en
conversaciones. Gracias por el don de la risa. Gracias
porque tú lo inventaste. Gracias porque no tenemos que
esperar hasta llegar al Cielo para reír, sino que la risa nos
puede aliviar los tiempos difíciles. Pensamos en el alivio
que trae la risa en honras fúnebres de personas que te han
seguido fielmente, personas que ya están riendo al otro
lado de la muerte. Hemos disfrutado de risa profunda,
mezclada con lágrimas, en días difíciles, junto a amigos y
familiares. Cuando lloramos ahora, Padre, recuérdanos que
en el Cielo, compartiendo tu gozo, nos vamos a reír.

YA NO HABRÁ ABURRIMIENTO

En tu presencia hay plenitud de gozo; delicias a tu diestra
para siempre. — SALMO 16:11, RV60

El mal imaginario es romántico y variado; el mal real
es lóbrego, monótono, improductivo, aburrido. El bien
imaginario es aburrido; el bien real es siempre nuevo,
maravilloso, estimulante. — SIMONE WEIL

El escritor de ciencia ficción Isaac Asimov dijo: "Yo no creo en una vida después de la muerte, así que no tengo que pasar toda la vida temiéndole al infierno, o temiéndole aún más al cielo. Porque cualesquiera que fueran las torturas del infierno, yo creo que el aburrimiento del cielo sería aún peor."

Es triste, pero aun entre creyentes, es un mito frecuente que el Cielo será aburrido. Algunas veces no nos podemos imaginar nada más allá de rasguear un arpa y sacarle brillo a las calles de oro. Hemos sucumbido a las estrategias de Satanás que abre la boca "para blasfemar contra Dios, para maldecir su nombre y su morada y a los que viven en el cielo" (Apocalipsis 13:6).

La gente dice a veces: "Yo preferiría divertirme en el Infierno que estar completamente aburrido en el Cielo." Muchos se imaginan al Infierno como un lugar en el que pasarán tiempo con otras personas, jugarán al billar y bromearán con sus amigos. Eso podría suceder en la Nueva Tierra, pero no en el Infierno.

El Infierno es un lugar de tormento y soledad, donde no existen amistades ni buenos tiempos. El Infierno será terriblemente aburrido. Todo lo bueno, lo que se disfruta, lo agradable, fascinante e interesante se origina en Dios. Sin Dios no hay nada interesante que hacer. El rey David escribió: "En tu presencia hay plenitud de gozo; delicias a tu diestra para siempre" (Salmo 16:11, RV60). Lo opuesto es que fuera de la presencia de Dios no hay gozo.

Nuestra creencia de que el Cielo será aburrido revela una herejía —que *Dios* es aburrido. No existe una necedad más grande que esa. Lo que es cierto es que nuestro deseo de placer y la experiencia del gozo vienen directamente de la mano de Dios. Dios diseñó y nos dio las glándulas del gusto, la adrenalina, el impulso sexual y las terminaciones nerviosas que conducen el placer a nuestro cerebro. De igual forma, nuestra imaginación y nuestra capacidad de gozo y regocijo fueron *creadas por el mismo Dios a quien acusamos de ser aburrido.* ¿Nos imaginamos que la idea de divertirse se nos ocurrió a nosotros?

"¿No será aburrido ser buenos todo el tiempo?" Fíjese en lo que se asume: que el pecado es emocionante y que la justicia es aburrida. Hemos creído la mentira del diablo. Su estrategia más básica, la misma que empleó con Adán y Eva, es hacernos creer que el pecado trae satisfacción. Pero lo opuesto es verdad. El pecado nos roba la satisfacción. El pecado no hace que la vida sea interesante; hace que la vida sea vacía. El pecado no crea aventura; la mitiga. El pecado no expande la vida; la disminuye. La futilidad del pecado inevitablemente lleva al aburrimiento. Cuando hay realización, cuando hay belleza, cuando vemos a Dios como es en realidad —una fuente de fascinación sin fin— el aburrimiento se hace imposible.

Los que creen que las cosas emocionantes no pueden existir sin el pecado están pensando con mentes envenenadas. Los drogadictos están convencidos de que sin sus drogas no pueden vivir vidas felices. De hecho —como todos los demás pueden ver— las drogas los hacen desdichados. La libertad del pecado significará libertad para ser lo que Dios quiso que fuéramos, libres para encontrar mucho más gozo en todas las cosas. En el Cielo tendremos plenitud, como lo describe el Salmo 16:11, de alegría y dicha eterna.

Otra razón por la cual la gente asume que el Cielo es aburrido es que sus vidas cristianas son aburridas. Esa no es culpa de Dios. Él nos llama para que lo sigamos en una aventura que nos debería hacer apreciar lo mejor de la vida. Si estamos experimentando el movimiento vivificador del Espíritu de Dios, confiando en él para que llene nuestra vida con encuentros divinos, y experimentando diariamente el deleite —como niños— de su bondad llena de gracia, entonces sabremos que Dios es emocionante y que el Cielo es vivificante. ¿Qué otra cosa *podrían* ser?

En cuanto a no tener nada que hacer en el Cielo, vamos a ayudar a Dios a gobernar el universo (Lucas 19:11-27). Tendremos una eternidad colmada de cosas que hacer. La figura que la Biblia presenta de personas resucitadas trabajando en una sociedad vibrante, en una tierra resucitada, no podría ser más cautivante. (No debe asombrarnos que Satanás trabaje con tanto ahínco para robárnosla.)

Dios nos dará mentes renovadas y cuerpos maravillosamente

construidos, llenos de energía y visión. James Campbell dice: "El trabajo en el otro lado, cualquiera que sea su carácter, estará adaptado a la aptitud especial y al poder de cada uno. Será el trabajo que la persona pueda hacer mejor; el trabajo que usará hasta el máximo todo lo que está dentro de la persona."[99]

Aun bajo la maldición, vislumbramos cómo el trabajo puede ser agradable, cómo puede formar relaciones, y cómo nos puede ayudar a mejorarnos a nosotros mismos y a nuestro mundo. El trabajo nos hace esforzar de maneras que nos hacen más inteligentes, más sabios y más realizados.

El Dios que nos creó para que hiciéramos buenas obras (Efesios 2:10) no abandonará su propósito cuando nos resucite para habitar el nuevo universo.

Se nos dice que serviremos a Dios en el Cielo (Apocalipsis 7:15; 22:3). El servicio es activo, no pasivo. Involucra desempeñar responsabilidades en las cuales gastamos energía. El trabajo en el Cielo no será frustrante o sin fruto; involucrará logros que perdurarán, sin estar perjudicados por la corrupción y la fatiga, los cuales serán realzados por recursos ilimitados. Enfocaremos nuestro trabajo con el mismo entusiasmo que ponemos ahora en nuestro deporte o pasatiempo favorito.

En el Cielo, reinaremos con Cristo, ejercitaremos el liderazgo y la autoridad, y tomaremos decisiones importantes. Esto implica que delegaremos responsabilidades específicas a los que se encuentran bajo nuestro liderazgo, así como que nuestros líderes nos darán responsabilidades específicas a nosotros (Lucas 19:17-19). Estableceremos metas, trazaremos planes y compartiremos ideas. Nuestros mejores días de trabajo en la Tierra —esos días en que todo sale mejor de lo que planeamos, cuando todo lo hacemos a tiempo, y cuando todos en el grupo trabajan unidos y disfrutan la compañía mutua— son sólo un pequeño anticipo del gozo que nos traerá nuestro trabajo en la Nueva Tierra.

Si piensa que la vida será aburrida en el nuevo universo de Dios, *no entiende esto correctamente*. Imagínese las flores que estudiarán (y disfrutarán) los botánicos; los animales que los zoólogos investigarán (y con quienes jugarán). Los astrónomos dotados tal vez vayan de sistema estelar a sistema estelar, de galaxia a galaxia, estudiando las maravillas de la creación de Dios. Una existencia incorpórea sería aburrida, pero nuestra resurrección a vida corporal en la Nueva Tierra terminará con el aburrimiento para siempre.

De todas las cosas emocionantes que tal vez hagamos en el Cielo para la gloria de Dios, ¿cuáles son algunas de las que usted más anhela hacer?

Padre, perdónanos por las veces que hemos apoyado la herejía favorita de Satanás de que el Cielo será aburrido, que no tú eres una persona interesante y que la gente en el Cielo desearía estar en otro lugar. Líbranos de nuestras perspectivas erróneas sobre el Cielo. Líbranos especialmente de la noción tergiversada de que el pecado es más interesante que la justicia, y de la herejía de que desobedecerte traerá felicidad en lugar de destrucción. Ayúdanos a darnos cuenta de que el mundo va a querer que nuestros hijos crean esas mentiras, y que nuestra tarea es llevar a nuestros hijos a tu Palabra y mostrarles la verdad acerca del Cielo, que es tan cautivante y emocionante. Dios, ayúdanos hoy a ser modelos del gozo del Cielo para nuestra familia, amigos, vecinos y compañeros de trabajo.

SUEÑOS CUMPLIDOS

Dichosos ustedes los pobres, porque el reino de Dios les pertenece. Dichosos ustedes que ahora pasan hambre, porque serán saciados. Dichosos ustedes que ahora lloran, porque luego habrán de reír. Dichosos ustedes cuando los odien, cuando los discriminen, los insulten y los desprestigien por causa del Hijo del hombre. Alégrense en aquel día y salten de gozo, pues miren que les espera una gran recompensa en el cielo. — LUCAS 6:20-23

Hay tres cosas por las cuales le doy gracias a Dios todos los días de mi vida: gracias porque él me ha concedido conocer sus obras; profundo agradecimiento de que ha colocado en mi oscuridad la lámpara de la fe; y un agradecimiento aún más profundo de que tengo una vida a la cual anhelo con ansias —una vida llena de gozo con luz, flores y cánticos celestiales.

— HELEN KELLER

Mucha gente cree que esta vida es todo lo que hay. ¿Cuál es la filosofía de ellos? "Sólo se pasa por la vida una vez, así que agarre todo lo que pueda."

Pero si usted es hijo de Dios, *no* "va a pasar sólo una vez" por la

Tierra. No tiene sólo una vida terrenal. Tendrá otra —una mucho mejor y sin fin. Usted habitará en la Nueva Tierra. Como una persona que no muere en una Tierra que no muere, usted vivirá con el Dios que adora y con la gente que ama— para siempre. Los que van al Infierno son los que pasarán sólo una vez por esta Tierra.

Piense en todos los sueños que no se han realizado a través de la historia humana. Tal vez usted ha tenido algunos sueños no cumplidos, ¿no es verdad? Mirando hacia atrás, ¿no quisiera haber podido ir a algunos lugares y hacer ciertas cosas? Tal vez fue su compromiso con otras personas lo que le impidió vivir esos sueños. Algunas personas se amargan por eso. Parece que la vida ha roto esas promesas, y algunas personas terminan lamentándose por años de sueños no cumplidos.

Pero Dios no es injusto, ni tampoco indiferente. Y esta *no* es nuestra única oportunidad de vida en la Tierra. Lucas 6:20-24 promete bendiciones en el Cielo por las dificultades que enfrentamos ahora. Se nos dice que cuando enfrentamos aflicción por seguir a Cristo, debemos alegrarnos y saltar de gozo "pues miren que les espera una gran recompensa en el cielo" (Lucas 6:23).

¿Dónde estará el Cielo? En Mateo 5:3-5, Jesús dice: "Dichosos los pobres en espíritu, porque el reino de los cielos les pertenece. Dichosos los que lloran, porque serán consolados. Dichosos los humildes, porque recibirán la tierra como herencia." La *Tierra* es el lugar para el consuelo final de Dios, para la revocación de las injusticias y tragedias de la vida. Todas las bendiciones que Jesús nos ha prometido serán nuestras en el lugar en que viviremos —la Nueva Tierra.

Eso es porque creo que la Nueva Tierra será un lugar donde se pueden recuperar oportunidades perdidas. Esa es también una razón por la cual creo que en la Nueva Tierra la gente que perdió cónyuges o hijos tal vez pueda experimentar mucho de lo que perdió en esta primera Tierra, y también mucho más. Dios no sólo promete quitar las aflicciones de esta Tierra, sino que nos resarcirá por ellas. Vamos a participar en fiestas en lugar de tener hambre; seremos ricos en lugar de ser pobres, tendremos paz en lugar de ser perseguidos. La Nueva Tierra será un lugar en el cual experimentaremos el cumplimiento de nuestros anhelos más profundos y de los sueños que nos ha dado Dios que murieron o que fueron destruidos en esta vida.

¿Vive usted con las desilusiones de sueños no realizados? ¡Encontrará su realización en el Cielo! ¿Le impidió la pobreza, la mala salud, la guerra o la falta de tiempo perseguir una aventura o un sueño? ¿Nunca pudo terminar la construcción de ese bote, o pintar ese cuadro o escribir ese libro o leer esa pila de libros? Le tengo buenas noticias. En la Nueva Tierra usted tendrá una segunda oportunidad de hacer lo que soñó hacer, y mucho más.

En mi novela titulada *Safely Home [A Salvo en Casa]*, cuento la historia de Li Quan, un brillante hombre chino cuyo sueño era escribir y enseñar en una universidad. La persecución por su fe en Cristo le robó esa oportunidad. En cambio, trabajó humilde y fielmente como asistente de cerrajero. Nunca vio sus sueños cumplidos en la Tierra, pero más tarde en el Cielo, según lo imaginé, Cristo le da una asignación a Li Quan —escribir y enseñar.

No queremos vivir como alguna clase de criaturas incorpóreas en un mundo extraño. Queremos ser personas sin pecado que viven en la Tierra, pero sin conflicto, enfermedad, desilusión y muerte. Queremos ser la clase de persona y vivir en la clase de mundo en el cual nuestros sueños, los anhelos más profundos de nuestro corazón, realmente se hacen realidad. Eso es exactamente lo que la Palabra de Dios nos promete.

Somos heridos de maneras incontables cuando fallamos en comprender esto. Nos desalentamos suponiendo que nunca conoceremos el gozo de lo que deseamos. Las personas que son discapacitadas temen que nunca correrán por una pradera, o que no tendrán el placer de nadar. Los que nunca se han casado —o los que no tienen un buen matrimonio— temen que nunca conocerán el gozo que puede traer el matrimonio.

En la Nueva Tierra, en cuerpos perfectos, correremos por las praderas y nadaremos en aguas cristalinas. Tendremos el matrimonio más sensacional y satisfactorio que jamás haya existido, un matrimonio tan glorioso y completo que no habrá razón para otro. Jesús mismo será nuestro esposo.

La persona más inteligente que Dios haya creado en este mundo tal vez nunca haya aprendido a leer porque él o ella no tuvo la oportunidad. La persona más dotada musicalmente tal vez nunca ha tocado un instrumento musical. El atleta más grande tal vez nunca ha competido en un deporte. Tal vez el deporte que usted realizaría mejor sea un deporte que nunca ha probado; su pasatiempo favorito podría ser uno que nunca ni siquiera pensó en él. Vivir bajo la Maldición quiere decir que hemos perdido incontables oportunidades. Pero cuando la Maldición sea quitada, en la Resurrección, podremos recuperar oportunidades perdidas y además heredar muchas más.

Sin una perspectiva eterna, sin entender la realidad de que lo mejor todavía está por llegar, asumimos que las personas que mueren jóvenes, que son discapacitadas, que no tienen buena salud, que no se casan, o que no _____ [llene el espacio en blanco] inevitablemente no disfrutarán de lo mejor que ofrece la vida. Pero la teología que sirve de fundamento para esas conjeturas es completamente errada. Estamos suponiendo que nuestra Tierra, cuerpos, cultura, relaciones y vidas presentes son superiores a los de la Nueva Tierra.

¿Qué es lo que estamos pensando?

¿Hay algunos sueños que usted ha tenido que cree que pueden haber venido de Dios, pero que no los ha visto cumplidos? Si no han sido realizados en esta vida, ¿cree usted que se cumplirán de alguna forma en la vida venidera?

Padre, líbranos de la ilusión de que esta vida, en estos cuerpos, en la Tierra tal como es ahora, constituye los límites de las oportunidades de nuestra vida. Ayúdanos a entender lo que significará tener nuevos cuerpos y vivir en la Nueva Tierra, donde problemas de mala salud y falta de riquezas nunca van a limitar lo que podemos hacer y adónde podemos ir y lo que podemos ver. Quita nuestras anteojeras, Señor, y ábrenos los ojos al mundo de las oportunidades nuevas y más grandes que nos espera en el Cielo. Gracias porque nuestros sueños más grandes un día serán cumplidos en la Nueva Tierra.

NUEVAS OPORTUNIDADES EN LA NUEVA TIERRA

El que es fiel en lo muy poco, también en lo más es fiel.
— LUCAS 16:10, RV60

A mí no me han estafado de no ser una persona completa —simplemente estoy pasando por un período de espera de cuarenta años, y Dios está conmigo aun a través de esto. Ser "glorificada" —yo sé el significado de eso ahora. Es el tiempo, después de mi muerte aquí, cuando estaré de pie danzando.[100]
— JONI EARECKSON TADA

Muy pocas veces se habla sobre el tema de los sueños no cumplidos y de las oportunidades perdidas relacionados al Cielo.

Pero yo creo que vale la pena considerarlo con más detalles. En mi corazón resuenan las palabras de Robert Browning:

¡Envejece junto a mí!
Lo mejor todavía no ha sucedido,
Lo último de la vida, para lo cual fue hecha la primera parte.[101]

Desdichadamente, la mayoría de las parejas ancianas llega a un tiempo cuando esas arrobadoras palabras suenan huecas. Las enfermedades, la senilidad, la incapacitación o los accidentes son inevitables, finalmente trayendo la muerte, y con ella la separación de nuestro amado cónyuge, lo cual es un final que produce mucho dolor. Entonces es cuando las bellas palabras de Browning tal vez nos inquieten. La ancianidad y lo "último de la vida," romantizado en el poema, pueden ser tiempos brutales, devastadores, tristes y solitarios.

Ambos, Nanci y yo, vimos morir a nuestras madres, después observamos sin poder hacer nada envejecer a nuestros padres y volverse frágiles, tanto en el cuerpo como en la mente. Desde una perspectiva humana, me sentí desesperanzado, porque habían estado en su apogeo unos años antes, y todo lo que podían hacer ahora era ir cuesta abajo.

Pero una perspectiva bíblica cambió nuestra percepción errónea. Las Escrituras nos mostraron que Dios tiene un propósito para todas las personas que todavía están aquí, y que después de un período breve de deterioro, nuestros padres irán al Cielo e inmediatamente serán libres de todos sus impedimentos. Luego, Dios los resucitará, y tendrán nuevas mentes y nuevos cuerpos, listos para comenzar de nuevo otra vez en la Nueva Tierra.

Considere la cirugía cosmética, los implantes y otros métodos de remodelar y renovar nuestros cuerpos que se van desgastando. Nos aferramos a la juventud hasta que los nudillos se ponen blancos. Finalmente todo es en vano. Pero el evangelio nos promete juventud, salud y belleza eternas. Eso no es nuestro ahora, pero lo será, después de nuestra resurrección, la cual será la verdadera fuente de la juventud.

Peter Toon expresa la desilusión que a veces sentimos —y la esperanza que podemos tener:

> La tensión más trágica en la existencia humana reside en el hecho de que el placer que encontramos en las cosas de esta vida, no obstante lo bueno que ese placer pueda ser en sí mismo, siempre se nos quita. Las cosas por las que los hombres luchan casi nunca resultan tan satisfactorias como esperaban, y en los casos raros en que lo son, tarde o temprano les son arrebatadas. . . . Para el creyente, todas esas perfecciones parciales, rotas, efímeras de las que tiene un vistazo en el mundo alrededor de él, las que se marchitan en sus manos y le son arrebatas aun mientras se marchitan, son encontradas de nuevo, perfectas, completas y duraderas en la belleza absoluta de Dios.[102]

¿Cree usted que Dios es lo suficientemente grande como para cumplir sus sueños?

Cuando experimenta desilusión y pérdida mientras sirve fielmente a Dios, recuerde que la pérdida es temporal, pero las ganancias serán eternas. Cada día en la Nueva Tierra será una nueva oportunidad para vivir los sueños que son más importantes.

Cuando somos jóvenes soñamos con ser astronautas, atletas profesionales o grandes músicos. A medida que envejecemos, nuestros sueños se reducen, y penetra "el realismo": nunca podremos realizar la mayoría de nuestros sueños. La muerte del idealismo nos roba nuestra juventud y vitalidad. Nos volvemos cínicos y perdemos el sentido de asombro y maravilla que una vez nos infundieron nuestros sueños.

Pero cuando nos damos cuenta de que Dios nos llamó para que

fuéramos como niños y que él nos dará un universo nuevo con tiempo ilimitado, entonces de pronto "se nos prende la lamparita." Nos damos cuenta de que tendremos oportunidad de realizar nuestros sueños. De hecho, desarrollaremos sueños más grandes que los que jamás hayamos tenido, y también los realizaremos. Nuestros sueños se expandirán, no se achicarán.

Cuando la Maldición sea revocada, los sueños que se han achicado serán revividos y realzados. Tal vez eso sea parte de lo que quiere decir llegar a ser como un niño pequeño y por qué las cualidades de un niño son necesarias para el Cielo. Los niños no son personas desilusionadas, sin esperanza y cínicos. Sus sueños son grandes y amplios. No enumeran cien razones por las cuales sus sueños no pueden convertirse en realidad. Sus sueños les dan alas a su imaginación y les traen gozo.

En el final de la producción de Peter Jackson del libro de Tolkien titulado *El Retorno del Rey,* a Bilbo Bolsón —extremadamente anciano y decrépito— se le invita a abordar una embarcación de los Elfos que va desde la Tierra Media a Valinor (una cierta clase de Cielo presente). Él sonríe, y una energía juvenil retorna a sus ojos mientras dice: "Creo que estoy bastante listo para otra aventura."

Para los cristianos, la muerte no es el fin de la aventura, sino una puerta de entrada desde un mundo donde los sueños y las aventuras disminuyen a un mundo en el cual los sueños y las aventuras se expanden eternamente.

A medida que avanzamos hacia nuestro futuro en la Nueva Tierra, perderemos incontables oportunidades aquí, pero las recuperaremos allá. Y cuanto mejor usemos nuestros tiempo y oportunidades para la gloria de Dios ahora, tanto mejores serán nuestras oportunidades allá (Lucas 16:11-12; 19:17).

Para los creyentes, palabras más exactas que las de Robert Browning serían estas: "Lo mejor todavía está por suceder, la vida *próxima*, para la cual la *primera* ha sido hecha."

Lo último de nuestra vida antes de que muramos en realidad no es lo último de nuestra vida; continuaremos viviendo en otro lugar. Y un día, después de nuestra resurrección corporal, viviremos de nuevo en la Tierra una vida tan plena y gozosa que la primera parecerá pobre en comparación.

Dentro de millones de años todavía seremos jóvenes.

¿Se siente listo para la gran aventura, la aventura más grande de su vida, que le espera al otro lado de la muerte?

Señor, ayúdanos a ver el mundo que nos espera como una gran aventura. Ayúdanos a darnos cuenta de que lo mejor todavía no ha sucedido, la vida venidera, para la cual la primera ha sido hecha. Ayúdanos a no aferrarnos hasta que se nos pongan blancos los nudillos a parecer jóvenes, y ayúdanos a abrazar la promesa de la eterna juventud a través de nuestra resurrección corporal. Ayúdanos a canjear nuestros gastados sueños y recibir en cambio los sueños eternos del Cristo resucitado. Tus sueños por nosotros, Señor, revelados en tu Palabra, son tanto más grandes que los pequeños sueños con los que tan a menudo nos conformamos. Que nunca estemos contentos con menos de lo que tú nos ofreces y nos prometes, y por lo que moriste para concedernos.

PLUS ULTRA: MÁS ALLÁ

La senda de los justos es como la luz de la aurora, que va
en aumento hasta que el día es perfecto.

— PROVERBIOS 4:18, RV60

*¿Cuál es la esencia del cielo? . . . [Es la] visión beatífica, amor
y placer del Dios trino y uno. Porque las tres personas divinas
tienen una visión infinitamente perfecta, amor y deleite de
la esencia divina y de uno por el otro. Y en este conocimiento
infinito, amor y placer se encuentra la vida misma del Dios
trino y uno, la misma esencia de su infinita e inagotable
felicidad. Si los benditos van a ser suprema e infinitamente
felices, entonces, deben compartir en la misma vida del
Dios trino y uno, en la vida divina que los hace infinita e
inagotablemente felices.* [103]

— E. J. FORTMAN

Después de que Colón descubrió el nuevo mundo, España
sacó monedas con la inscripción latina *Plus Ultra*, que
significa "más allá." Este fue un mensaje que les expandió los
horizontes a personas que siempre habían creído que el mundo
que conocían era todo lo que existía.

Plus Ultra —siempre habrá más que descubrir acerca de Dios. En su nuevo universo *siempre* habrá algo más allá.

Yo tuve el privilegio de pasar dos horas solo con Bill Bright, el fundador de la Cruzada Estudiantil para Cristo, seis meses antes de que él muriera. Mientras estaba sentado allí, con tubos que lo conectaban a un tanque de oxígeno, casi saltó de su silla cuando hablamos del Cielo y del Dios que él amaba. Ese no era un hombre que había pasado la mejor época de su vida, sino uno que estaba yendo hacia ella. "La senda de los justos es como la luz de la aurora, que va en aumento hasta que el día es perfecto" (Proverbios 4:18, RV60). Esto fue cierto en cuanto a Bill Bright. Aunque él estaba cerca de la muerte, sus ojos y su sonrisa lucían jóvenes. Él era un hombre que sabía que había cosas "más allá." Y ahora él lo sabe más que nunca. Un día, todos los seguidores de Jesús lo van a saber. Pero la buena noticia es que no tenemos que esperar para llegar a esa conclusión. (Bill Bright lo supo antes de morir, y nosotros también lo deberíamos saber.)

Cinco minutos después de haber muerto, nosotros sabremos cómo deberíamos haber vivido. Sabremos la forma en que deberíamos haber dado, orado, compartido nuestra fe, meditado en las Escrituras. Pero entonces será demasiado tarde para volver y vivir la vida de nuevo. No tendremos la oportunidad de llegar a ser discípulos de Jesucristo totalmente consagrados en un mundo caído. Aquí y ahora es nuestra única oportunidad de hacer eso.

Formúlese la siguiente pregunta: "Cinco minutos después que muera, ¿qué será lo que quisiera haber hecho en esta vida cuando todavía tenía la oportunidad?" Cuando sepa la respuesta, *¿por qué no lo hace ahora?* ¿Por qué no pasa el resto de su vida cerrando la brecha entre lo que desearía haber hecho y lo que en realidad hizo?

Si morir y estar con Cristo es realmente "muchísimo mejor," como dice Pablo en Filipenses 1:23, ¿por qué tantos creyentes hoy en día le temen a la muerte? Creo que la respuesta es que hemos acumulado tesoros aquí en la Tierra, y no queremos ser separados de esos tesoros.

Jesús nos mandó lo siguiente: "Acumulen para sí tesoros en el cielo" (Mateo 6:20). La lógica de Jesús era que los tesoros en la Tierra no durarán, y que los tesoros en el Cielo sí durarán. Por lo tanto, acumular tesoros en la Tierra no sólo es malo, sino que es necio. Y acumular tesoros en el Cielo no sólo es correcto, sino que es inteligente hacerlo.

Es trágico, pero muchos creyentes acumulan la mayoría de sus tesoros en la Tierra. Así que cada día que se acercan más a la muerte se están alejando de sus tesoros. Terminan caminando hacia atrás a la eternidad, *alejándose de sus tesoros,* aferrándose a un mundo caído que no ha sido muy bueno con ellos.

Cristo nos llama a que *cambiemos esto totalmente,* a que guardemos tesoros en el Cielo, de esa forma, cada día que nos acercamos más a nuestra muerte, nos *acercamos más* a nuestros tesoros.

La gente que pasa la vida alejándose de sus tesoros tiene razón para sentir desesperación. La gente que pasa la vida acercándose a sus tesoros tiene razón para regocijarse. ¿Está usted alejándose de sus tesoros o acercándose a ellos? ¿Se está desesperando o se está regocijando?

A las 2:30 a.m., el 19 de noviembre de 2002, yo estaba parado en nuestra terraza, mirando el firmamento nocturno. En las alturas, se encontraba la lluvia de meteoros Leónida, la exhibición más maravillosa de fuegos artificiales celestiales hasta 2096. Para alguien que ha disfrutado de lluvias de meteoros desde que era niño, ese era el evento celestial de toda una vida.

Hubo sólo un problema: las nubes cubrían el cielo en el estado de Oregón. De los cientos de meteoros que dejaban su estela sobre mí, no pude ver ni uno solo. Me sentí como un ciego a quien le decían: "Se está perdiendo la puesta de sol más maravillosa de toda su vida. Nunca más podrá ver otra como esta."

¿Me sentí decepcionado? Claro que sí. Después de buscar en vano una pequeña abertura en el firmamento, entré a mi casa y escribí estos párrafos. Estoy decepcionado pero no desilusionado. ¿Por qué? Porque *no* me perdí el evento celestial de toda mi vida.

Mi vida es para siempre. Mi residencia será un universo nuevo, con muchas más maravillas celestiales espectaculares, y yo tendré la capacidad para mirar a través de las nubles y de elevarme sobre ellas.

Durante una lluvia de meteoros unos años antes, yo estuve de pie en nuestra terraza mirando al claro firmamento. Parte del gozo era escuchar los *oohs* y *aahs* de los vecinos que miraban hacia arriba. Multiplique esos *oohs* y *aahs* por diez mil veces diez mil, y le dará una idea de lo que será nuestra tronante respuesta a lo que hará nuestro Padre en los nuevos cielos mientras nosotros miramos hacia arriba desde la Nueva Tierra.

Nosotros *no* hemos pasado la flor de la vida. La tierra, los planetas, las estrellas y las galaxias *no* han pasado por lo mejor. Son un fénix que muere pero que se levantará de nuevo en algo mucho más grande —algo que nunca morirá.

No puedo esperar para ver las realmente maravillosas lluvias de

meteoros, los cometas verdaderamente espectaculares, los siste-
mas estelares y las galaxias del nuevo universo. Y no puedo esperar
para estar parado mirándolas al lado de amigos que una vez fueron
ciegos, quienes vivieron sus vidas en la Tierra siempre escuchando
sobre lo que se estaban perdiendo. Algunos de ellos creyeron que
nunca más iban a ver, lamentando que no podían ver las imágenes
y los eventos de toda una vida más allá de su capacidad de percibir.
Las bellezas ocultas les serán reveladas a ellos, y a nosotros.

Plus Ultra. Más allá hay más. Mucho más. Aquellos de nosotros que conocemos a Jesús estaremos allí para contemplar una
revelación sin fin de maravillas naturales que muestran la gloria
de Dios —y sin nada que nos obstaculice la visión.

**¿Está invirtiendo usted en el mundo más allá, el cual promete
mucho más que el mundo presente? ¿Está haciendo elecciones
hoy para poner sus tesoros en el Cielo, y no en la Tierra?**

---

*Dios, Señor nuestro, ayúdanos para que usemos el
tiempo, los dones y el dinero que nos has confiado para
acumular tesoros en el Cielo, para que cada día nos estemos
moviendo hacia nuestros tesoros, y no alejándonos de ellos.
Que las cosas que sean más importantes para nosotros
cinco minutos después de nuestra muerte sean las más
importantes para nosotros ahora.*

NO HAY RIVALIDAD ENTRE CRISTO Y EL CIELO

Antes bien, anhelaban una patria mejor, es decir, la celestial. Por lo tanto, Dios no se avergonzó de ser llamado su Dios, y les preparó una ciudad. — Hebreos 11:16

Tu presencia hace nuestro Paraíso, y dónde tú estás es el Cielo.[104] — John Milton

Es malo que los creyentes sueñen acerca de lo que nos dicen las Escrituras que nos espera al otro lado de la puerta de la muerte? ¿Es malo anticipar entrar a un mundo sin dolor, y tener un cuerpo y una mente que de nuevo funcionarán, y estar con seres amados de los cuales hemos sido separados? En otras palabras, ¿es en realidad bueno pensar en el Cielo?

Una esposa que está enamorada de su esposo quiere estar con él más que ninguna otra cosa. Pero si él se va por un tiempo para construir un lugar hermoso para ella, ¿no se sentirá emocionada en cuanto a eso? ¿No pensará y hablará acerca de ese lugar? Por supuesto que sí. Además, su esposo *quiere* que ella lo haga. Si él le dice: "Voy a preparar un lugar para ti," lo que está dando a entender es: "Quiero que tú lo esperes con anhelo." El amor y el anhelo de ella por el lugar que él está preparando —en el cual ella vivirá con su esposo— son inseparables del amor y el anhelo de ella por su esposo.

Algunas personas asumen erróneamente que las maravillas, las bellezas, las aventuras y las relaciones maravillosas del Cielo deben de alguna forma competir con Dios, que es el que las ha creado. Dios no tiene temor de que nos entusiasmemos demasiado en cuanto al Cielo. Después de todo, las maravillas del Cielo no son idea *nuestra*, son idea *de él*. No existe dicotomía entre anticipar los gozos del Cielo y encontrar nuestro gozo en Cristo. Todo forma parte de lo mismo. Las maravillas de los cielos nuevos y de la Nueva Tierra serán un medio principal por el cual Dios se revela a sí mismo y revela su amor por nosotros.

Imagínese a Adán y Eva en el jardín del Edén. Eva le dice a Adán: "¿No es magnífico este lugar? El sol se siente maravilloso en mi rostro, el azul del firmamento es bellísimo, y estos animales son un deleite. Prueba este mango, ¡es delicioso!"

¿Se puede usted imaginar a Adán respondiendo lo siguiente? "Tu enfoque está equivocado, Eva. No debes pensar acerca de la belleza, el refrigerio y la fruta que te hace agua la boca. Todo en lo que debes pensar es en Dios."

Adán nunca diría eso, porque al pensar en esas cosas, Eva *estaría* pensando en Dios. De igual manera, nuestro gozo de lo que Dios ha provisto para nosotros debería ser inseparable de adorar, glorificar y apreciar a Dios. Dios se honra con nuestro agradecimiento, gratitud y el deleite que sentimos por él.

Pensar en el Cielo no debería ser visto como un *obstáculo* para conocer a Dios sino como un *medio* de conocerlo. El Dios infinito se revela a sí mismo en expresiones tangibles y finitas. Junto con el Cristo encarnado, el Cielo nos dirá más acerca de Dios que ninguna otra cosa. Algunas personas me han dicho: "Yo sólo quiero estar con Jesús. No me importa si el Cielo es una choza." Bueno, a Jesús sí le importa. Él *quiere* que anhelemos el Cielo y que disfrutemos la magnificencia de él.

Cada pensamiento sobre el Cielo debería acercar nuestros corazones a Dios, al igual que cada pensamiento sobre Dios debería acercar nuestros corazones al Cielo. Es por eso que Pablo nos pudo decir que pongamos nuestro corazón en el Cielo, no sólo en Dios, porque hacer uno es hacer el otro. El Cielo no va a ser un ídolo que compite con Dios, sino una lente por medio de la cual veremos a Dios con más claridad.

Si tenemos pensamientos indignos sobre el Cielo, tenemos pensamientos indignos acerca de Dios. Es por eso que las caricaturas comunes sobre el Cielo no le hacen justicia a Dios y afectan en forma adversa nuestra relación con él. Si vamos a amar más al Cielo —el Cielo que Dios describe en las Escrituras—, inevitablemente amaremos más a Dios. Si el Cielo llena nuestra mente y nuestro corazón, Dios llenará nuestra mente y nuestro corazón.

Darnos cuenta de esto puede ayudarnos a apreciar los sentimientos detrás de una descripción de la muerte de un creyente que a veces leo en las honras fúnebres:

> Estoy de pie en la ribera del mar. Una embarcación a mi lado despliega sus velas blancas en la brisa matutina y comienza a navegar en el océano azul. Es un objeto de belleza y fortaleza, y me quedo mirándola hasta que, en

la distancia, se ve como una pequeña nube blanca en el lugar donde el mar y el cielo se unen el uno con el otro. Y entonces escucho que alguien a mi lado dice: "Mira, se ha ido."

¿Ido adónde? Se ha ido de mi vista, eso es todo. La embarcación es tan grande en cuanto a su mástil, casco y palo como lo era cuando salió de mi lado. Y es tan capaz de llevar la carga viva al lugar de su destino. Su disminución en tamaño es en *mí*, no en ella.

Y justo en el momento en que alguien a mi lado dice: "Se ha ido," hay otros ojos observándola llegar, y hay otras voces que con alegría gritan: "¡Aquí viene!" Y eso es morir.[105]

¿Cree usted que Jesús quiere que usted anhele el Cielo y que espere con ansias estar allí con él? ¿Por qué no le da gracias ahora por el precio que pagó para asegurarle un lugar a usted en el Cielo?

Señor, ayúdanos a querer estar contigo por sobre todas las cosas. Al igual que una esposa anhela vivir con su esposo, ayúdanos a desear vivir contigo. Ayúdanos a no sentirnos culpables por anhelar vivir en el lugar que Jesús prometió que prepararía para nosotros. Al igual que tu pueblo siempre ha anhelado una patria mejor, una patria celestial, ayúdanos a anhelar lo que nos espera al otro lado de la muerte. Para aquellos que enfrentan la muerte y para

aquellos cuyos seres amados tal vez estén a punto de morir,
oro que les des gracia y misericordia. Ayúdanos a creer y a
ser consolados con la verdad de que mientras algunos dicen:
"Se ha ido," los que están en un mundo mejor estarán
diciendo: "¡Mira, aquí viene!"

RÍPICHIP Y EMILY

Mi Padre lo amará, y haremos nuestra vivienda en él.

— Juan 14:23

*Deberíamos dedicarnos todos los días a prepararnos para
nuestro último día.* — Matthew Henry

En el libro de C. S. Lewis titulado *La Travesía del "Explorador del Amanecer,"* un barco viaja hacia el este en busca de compatriotas perdidos y nuevas aventuras. Un pasajero, el valiente ratón Rípichip, es optimista en el sentido bíblico. Su corazón está completamente convencido de que disfrutará de una nueva aventura. Tiene en mente un destino: El país de Aslan, el Cielo.

Rípichip, de pie, con su altura de sesenta centímetros, en la cubierta del *Explorador del Amanecer,* busca en el horizonte a Aslan el León y al país de Aslan. El Rey Aslan antes ha llegado a Narnia desde el este, así que viajan hacia el este, y es hacia el este que Rípichip mira con ansias.

Desde que era joven, a Rípichip le habían enseñado en una poesía que un día viajaría hacia el lejano oriente y encontraría lo que siempre había anhelado:

Donde el mar y el cielo se encuentran,
donde las olas se hacen más dulces,
no dudes Rípichip,
que encontrarás lo que buscas.
Allí en el Oriente absoluto.

Después de recitar esta poesía a sus compañeros de tripulación, Rípichip dice: "No entiendo el significado de estas palabras, pero su sortilegio me ha acompañado siempre."[106]

Más tarde en el viaje, cuando han navegado más lejos que nadie de que se tenga registros, Rípichip es arrojado al mar. Para su sorpresa, el agua sabe dulce. Su emoción es incontenible. Él está tan cerca del país de Aslan que literalmente lo puede gustar.

Rípichip y los tres niños continúan solos en un bote pequeño. Luego, cuando el agua es demasiado baja, Rípichip desembarca en su propio pequeño bote, dejando atrás el mundo que siempre ha conocido, con los ojos fijos sólo en su Rey y en el país de su Rey.

Más temprano en el viaje, Rípichip expresó su completo abandono en cuanto a buscar el país de Aslan: "Navegaré a borde del *Explorador del Amanecer,* mientras sea posible. Cuando él me falle, remaré hasta el este en mi barquilla. Cuando se hunda, nadaré siempre al este con mis cuatro patas, y cuando ya no pueda seguir nadando, si aún no he llegado al país de Aslan, o me he precipitado por el borde del mundo en una inmensa catarata, me hundiré con la nariz hacia la salida del sol."[107]

Esta es la búsqueda gloriosa de Rípichip. La entendemos porque el atractivo irresistible del Cielo también ha estado en nuestras vidas, aun si a veces lo hemos interpretado mal como un deseo de menor intensidad. Al final del libro, los niños ven desaparecer a Rípichip en el horizonte. ¿Llega él al país de Aslan? En el libro final de las Crónicas de Narnia descubrimos la respuesta. (Aun si usted no ha leído el libro, apuesto a que puede adivinar la respuesta.)

Quiero contarle otra historia, una que en realidad sucedió. Cuando Emily Kimball, que tenía cinco años de edad y estaba hospitalizada, escuchó que iba a morir, comenzó a llorar. Aunque ella amaba a Jesús y quería estar con él, no quería dejar a su familia. Entonces su madre tuvo una idea inspirada. Le pidió a Emily que pasara por una puerta a otro cuarto, y entonces cerró la puerta detrás de la niña. Uno por uno, todos los miembros de su familia comenzaron a pasar por la puerta y se unieron a ella. Su madre le explicó que así era como sucedería. Emily sería la primera en ir al Cielo. Finalmente, el resto de la familia la seguiría, probablemente uno por uno, uniéndose a ella al otro lado. Emily entendió.

La analogía hubiera sido más completa si alguien representando a Jesús hubiera estado en el cuarto para saludarla, junto con los seres queridos que ya habían partido y personajes bíblicos y ángeles.

Todas las personas que leen este libro están muriendo. Tal vez usted tenga razones para creer que su muerte será muy pronto. Es posible que esté turbado, sintiéndose incierto, o no listo para irse. Pero puesto que la mayor parte de nuestra vida será pasada al otro lado de la muerte, no en este lado, ¿no deberíamos tener cuidado en cuanto a prepararnos para lo que nos espera allí?

Asegúrese en cuanto a su relación con Jesucristo. Asegúrese de que está confiando sólo en él para que lo salve, y que no está confiando en las buenas obras que ha hecho. Y luego permítase emocionarse acerca de lo que hay al otro lado de la puerta de la muerte.

Vemos la vida diferente cuando nos damos cuenta de que la muerte no es una pared sino un torniquete, y que nuestro funeral marcará un pequeño fin y un gran comienzo. Mi amigo Calvin Miller lo expresó bellamente:

> *Una vez menosprecié todos los temerosos pensamientos sobre*
> *la muerte,*
> *Cuando no era sino el final del pulso y de la respiración,*
> *Pero ahora mis ojos han visto que después del dolor*
> *Hay un mundo que espera ser reclamado.*
> *Creador de la Tierra, Santo, déjame partir ahora,*
> *Porque vivir es un arte tan temporal.*
> *Y morir no es sino vestirse para ir a ver a Dios,*
> *Y nuestras tumbas son simples puertas cavadas en la tierra.*[108]

¿Qué puede aprender del ratón Rípichip? ¿De Emily y de su madre? Le sugiero que medite en sus historias y en la bella poesía de Calvin Miller a través de este día, y vea el aliento que recibe.

Dios, infunde en nosotros un optimismo basado en la
Biblia. Ayúdanos a mirar más allá de esta breve vida a
la vida eterna que sigue en el mundo venidero. Ayúdanos
a hacer nuestras elecciones diarias ahora a la luz de la
eternidad. Al igual que Rípichip, danos una pasión
valiente que avanza en fe, moviéndonos hacia delante
en nuestra búsqueda de seguirte a ti al Cielo mismo.

Consuélanos con el conocimiento de que nuestros seres queridos que te aman se unirán a nosotros en ese mundo. Recuérdanos que has quitado el aguijón de la muerte, y que la muerte no es un hoyo sino un túnel. Nuestras tumbas son simplemente puertas cortadas en la tierra, puertas que llevan directamente a ti. "Y ésta es la vida eterna: que te conozcan a ti, el único Dios verdadero, y a Jesucristo, a quien tú has enviado."[109]

NO HAY NADA MEJOR QUE ESTO . . . ¿O PUEDE HABERLO?

Todo el que tiene esta esperanza en Cristo, se purifica a sí
mismo, así como él es puro. — 1 JUAN 3:3

*Venir a Ti es llegar al hogar desde el exilio, llegar a tierra
saliendo de la tormenta que ruge, descansar después de una
larga labor, llegar a la meta de mis deseos y a la cumbre de mis
anhelos.*[110] — CHARLES H. SPURGEON

S i una novia tiene la fecha de su casamiento anotada en el ca-
lendario, y piensa diariamente en la persona con quien se va
a casar, y contempla las cualidades de dicha persona, entonces ella
no debería ser un blanco fácil para la seducción, ¿no es verdad?

Cuando medito en Jesús y en mi futuro en el Cielo, el pecado no
es atractivo. Es cuando mi mente se desvía de esa persona y de ese
lugar que el pecado parece atractivo. El pensar en el Cielo lleva inevitablemente a buscar la santidad. Nuestra alta tolerancia por el pecado
testifica de nuestra falla en cuanto a prepararnos para el Cielo.

El Cielo debería afectar nuestras actividades y ambiciones,

nuestras recreaciones y amistades, y la forma en que gastamos el dinero y pasamos el tiempo. Si creo que pasaré la eternidad en un mundo de belleza y aventura sin fin, ¿me conformaré con pasar todas mis tardes jugando juegos de video, o mirando programas de televisión de juegos, comedias o deportes? Aun si evito que mis ojos vean impurezas, ¿cuánto tiempo querré invertir en lo que finalmente no tiene importancia?

Cuando nos damos cuenta de los placeres que nos esperan en la presencia de Dios, podemos renunciar a placeres menores ahora. Cuando nos damos cuenta de las posesiones que nos esperan en el Cielo, daremos con alegría posesiones en la Tierra para guardar tesoros en el Cielo. Cuando nos damos cuenta del poder que se nos ofrece como gobernadores en el reino de Dios, un poder que ahora no podríamos manejar, pero que manejaremos con humildad y benevolencia entonces, podemos renunciar a la búsqueda de poder aquí.

Seguir a Cristo no es un llamado a *abstenerse* de la gratificación sino (algunas veces) a *postergar* la gratificación. Más específicamente, es un llamado a *buscar* gratificación que durará. Es encontrar nuestro gozo en Cristo más que buscar gozo en las cosas de este mundo. El Cielo, el lugar de gratificación eterna y de realización, debería ser nuestra estrella polar, recordándonos dónde estamos y en qué dirección debemos ir.

Ser orientado hacia el Cielo es ser orientado hacia las metas en el mejor sentido de la expresión. Pablo dice: "Una cosa hago: olvidando lo que queda atrás y esforzándome por alcanzar lo que está delante, sigo avanzando hacia la meta para ganar el premio que Dios ofrece mediante su llamamiento celestial en Cristo Jesús" (Filipenses 3:13-14).

Pensar en el Cielo nos motivará para vivir cada día en profundo agradecimiento a Dios: "Así que nosotros, que estamos recibiendo un reino inconmovible, seamos agradecidos. Inspirados por esta gratitud, adoremos a Dios como a él le agrada, con temor reverente" (Hebreos 12:28).

En su libro titulado *Perelandra,* el protagonista de C. S. Lewis dice de su amigo Ransom, quien ha vuelto recientemente de otro planeta: "Un hombre que ha estado en otro mundo no regresa sin cambiar."[111] Un hombre que piensa mucho en otro mundo —el Cielo donde está Cristo y la Tierra resucitada donde viviremos con él para siempre— tampoco permanece sin cambiar. Se convierte en una persona nueva.

El momento más común en la Nueva Tierra será mejor que el momento más perfecto en esta vida —esas experiencias que usted hubiera querido guardar o hacer durar para siempre, pero que no pudo. Nanci y yo hemos pasado momentos maravillosos con nuestra familia y amigos en la Navidad o en vacaciones, o en simples momentos en la sala de estar después de la cena, y hemos dicho esas palabras mágicas: "No hay nada mejor que esto." Pero *puede* haber algo mejor, mucho mejor, que esto —*y lo habrá.*

La vida en esta Tierra ahora es como salir al frío, entrar arrastrando leña a la casa o palear carbón, con momentos periódicos de profunda satisfacción y tiempos de aflicción y profunda pérdida. La vida en la Nueva Tierra será como sentarse ante el fuego de la chimenea con los seres amados, disfrutando del calor, riéndose a carcajadas, soñando con las aventuras venideras —y luego saliendo y *viviendo* esas aventuras juntos. No tendremos temor de que la vida jamás terminará, de que nuestro Dios nos va a abandonar, o de que la tragedia descienda como una nube negra. No tendremos temor de que nuestros sueños sean destrozados o de que nuestras relaciones se rompan.

¿Ha sentido alguna vez como que la mejor etapa de su vida ha pasado, que los mejores días están detrás, y que lo que hay por delante va declinando? Si usted conoce a Jesús, no ha pasado los mejores días de su vida. Cuanto más se aleje de su mejor etapa terrenal, tanto más se acercará al Cielo. La muerte es la puerta que lo lleva a ver a Cristo, quien ha vencido a la muerte y la tragará. Por lo tanto, paradójicamente, ir en la dirección de la muerte es ir en la dirección correcta.

Entender que nuestra etapa culminante no es en esta vida debería cambiar radicalmente nuestro punto de vista en cuanto al deterioro de la salud. Los ancianos y los discapacitados deberían reconocer que sus experiencias en la Nueva Tierra serán mucho mejores que lo mejor que hayan experimentado en esta Tierra bajo la Maldición.

Las personas sin Cristo sólo pueden mirar hacia atrás a cuando estuvieron en su mejor época, y saben que nunca la volverán a recuperar. Todo lo que tienen son recuerdos, y aun esos recuerdos se desvanecen. Pero los creyentes no miran hacia atrás a lo mejor de su fortaleza. Miran hacia *adelante*, esperándola con ansias.

Cuando nosotros los creyentes estamos en sillas de ruedas o yacemos en cama, o sentimos que nuestros cuerpos están dejando de funcionar correctamente, recordémonos a nosotros mismos: "No he llegado al máximo. Ni siquiera he llegado a cerca de la mejor etapa de mi vida. Lo más fuerte y lo más saludable que me sentí es un vestigio tenue de lo que experimentaré en mi cuerpo resucitado en la Nueva Tierra."

Estas no son ilusiones. Es la promesa explícita de Dios.

Si las ideas presentadas en este libro fueran simplemente el producto de mi imaginación, no tendrían sentido. Pero he aquí lo que registró el apóstol Juan casi al final de la Biblia:

> Después vi un cielo nuevo y una tierra nueva. . . . Oí una potente voz que provenía del trono y decía: "¡Aquí, entre los seres humanos, está la morada de Dios! Él acampará en medio de ellos, y ellos serán su pueblo; Dios mismo estará con ellos y será su Dios. Él les enjugará toda lágrima de los ojos. Ya no habrá muerte, ni llanto, ni lamento ni dolor, porque las primeras cosas han dejado de existir." El que estaba sentado en el trono dijo: "¡Yo hago nuevas todas las cosas!" Y añadió: "Escribe, porque estas palabras son verdaderas y dignas de confianza." (Apocalipsis 21:1, 3-5)

Estas son las palabras del Rey Jesús. Cuente con ellas. Téngales absoluta confianza. Viva cada día a la luz de ellas. Haga cada elección a la luz de la promesa segura de Cristo.

Fuimos hechos para una persona y para un lugar. La persona es Jesús. El lugar es el Cielo.

Si usted conoce a Jesús, estaremos juntos en ese mundo resucitado, con el Señor que amamos y con amigos que queremos. Juntos nos lanzaremos a la aventura máxima, en un nuevo universo espectacular que espera que lo exploremos y lo dominemos. Jesús será el centro de todas las cosas, y el aire que respiramos será el gozo.

Y justo cuando pensemos que "no hay nada mejor que esto" —*descubriremos que lo hay.*

¿A quién consolará hoy usted con el pensamiento de que los que aman a Jesús nunca pasarán lo mejor de sus vidas? ¿Por qué no ir a visitar a alguien, o enviar una nota hoy?

O Dios, infunde en nosotros gozo cuando pensamos en estar contigo. Recuérdanos de tu promesa de que no habrá más muerte, sufrimiento, llanto o dolor. Recuérdanos todos los días que enjugarás toda lágrima de nuestros ojos. Ayúdanos a encontrar la maravillosa esperanza en tu promesa de que harás nuevas todas las cosas, y en tu seguridad de que tus palabras son confiables y verdaderas. Ayúdanos a confiar en ti hoy, a medida que nos repetimos constantemente tu promesa de un mundo mejor. Ayúdanos a saber, que aun en nuestros mejores días, las cosas serán mucho mejores, muchísimo mejores. Y tú, Dios omnisciente y todopoderoso, cumplirás tu promesa de que el mundo mucho mejor no tendrá fin.

UNA PALABRA FINAL
Viviendo ahora en la luz del mundo que nos espera

No se angustien. Confíen en Dios, y confíen también en mí. En el hogar de mi Padre hay muchas viviendas; si no fuera así, ya se lo habría dicho a ustedes. Voy a prepararles un lugar. Y si me voy y se lo preparo, vendré para llevármelos conmigo. Así ustedes estarán donde yo esté.

— Juan 14:1-3

Yo debo mantener vivo dentro de mí el deseo por mi verdadera patria, la cual no encontraré hasta después de la muerte; no debo permitir que quede sepultada o dejada de lado; debo hacer que el objetivo principal de mi vida sea avanzar de prisa hacia esa otra patria, y ayudar a otros a hacer lo mismo.[112]

— C. S. Lewis

Jesús prometió que iba a preparar un lugar para nosotros, un lugar en el que viviremos con él para siempre. El Cielo al que iremos cuando muramos es parte de lo que él ha preparado, pero no es nuestro destino final, al igual que el aeropuerto donde esperamos nuestro vuelo es parte de nuestro viaje, pero no es nuestro destino final. El lugar al cual realmente vamos, la ubicación de nuestro hogar eterno, es la Nueva Tierra.

¿Qué clase de lugar podemos esperar que nuestro Señor haya preparado para nosotros? Debido a que él no está limitado, las posibilidades son sin fin. Yo confío en que podemos esperar el mejor alojamiento jamás hecho por persona alguna para alguien en la historia del universo. Al Dios que alaba la hospitalidad nadie lo puede sobrepasar en cuanto a mostrar hospitalidad a sus hijos, porque él se deleita en darles comodidades y recompensas.

Un buen carpintero se imagina lo que quiere construir, y hace planes y diseños. Luego hace su trabajo, con cuidado y pericia, dándole forma de acuerdo a especificaciones exactas. Él se siente orgulloso por el trabajo que hace y le encanta mostrárselo a otras personas. Y cuando construye algo para su esposa o sus hijos, toma cuidado y deleite especial.

Jesús es el carpintero de Nazaret. Los carpinteros saben construir y también saben arreglar lo que ha sido dañado. Jesús tiene experiencia en formar mundos completos (billones de ellos, a través del universo). Él también es experto en *reparar* lo que ha sido dañado, ya sea personas o mundos. Y él está haciendo un mundo para nosotros, un modelo de la primera Tierra a gran escala.

La Biblia pinta la vida en la presencia de Dios, en nuestros cuerpos resucitados en un universo resucitado, como tan emocionante y cautivadora que aun los más jóvenes y saludables entre nosotros deberíamos anhelarla y soñar con ella.

C. S. Lewis pinta un hermoso cuadro del Cielo eterno en su libro titulado *La Última Batalla,* que es el libro final de Las

Crónicas de Narnia. Él concluye la serie con lo que ha llegado a ser mi párrafo favorito literario fuera de la Biblia:

> Y en tanto él hablaba, ya no les parecía un león; mas las cosas que comenzaron a suceder de ahí en adelante fueron tan grandiosas y bellas que no puedo escribirlas. Y para nosotros este es el final de todas las historias, y podemos decir con toda verdad que ellos vivieron felices para siempre. Pero para ellos era sólo el comienzo de la historia real. Toda su vida en este mundo y todas sus aventuras en Narnia habían sido nada más que la tapa y el título: ahora, por fin, estaban comenzando el Capítulo Primero de la Gran Historia, que nadie en la tierra ha leído; que nunca se acaba; en la cual cada capítulo es mejor que el anterior.[113]

Piense en esto: La historia no termina cuando morimos. La historia no termina cuando Cristo retorne. Y la historia no termina cuando Dios hace la Nueva Tierra y nos coloca allí para vivir para siempre; eso es sólo el comienzo.

Cuando C. S. Lewis usa el final de los cuentos de hadas —"vivieron felices para siempre"— tal vez usted se sienta tentado a decir: "Pero los cuentos de hadas no son verdad." Sin embargo, las Crónicas de C. S. Lewis aluden a la Biblia, la cual *no es* un cuento de hadas. De hecho, la Palabra de Dios es completamente realista, mostrando lo peor aun en sus buenos personajes. Es inmutable en cuanto a su presentación del pecado y del sufrimiento. En ninguna parte de la Biblia vemos ilusiones ingenuas o sentimentalismo. Lo que vemos es nuestra devastadora separación de Dios; nuestro pecado continuo; la persistente fidelidad de Dios; la difícil y dolorosa obra de redención de Cristo; la naturaleza tangible de su resurrección; y la promesa del juicio venidero. Y finalmente vemos la restauración del universo ideal de Dios, cumpliendo su plan para todos los tiempos, el cual culminará en personas resucitadas que viven con él en una Tierra resucitada.

Y entonces, y sólo entonces, viviremos felices para siempre.

Por la gracia de Dios, sé que lo que me espera en su presencia, para toda la eternidad, es algo tan magnífico que me deja atónito aun mientras escribo estas palabras. Job lo declara: "Y cuando mi piel haya sido destruida, todavía veré a Dios ... yo ... y no otro" (Job 19:26-27). Esa esperanza, esa promesa de redención y restauración, eclipsó todas las aflicciones de Job. Por cierto que puede eclipsar las suyas y las mías.

Piense en esto: Jesús, con un costo inimaginable, compró para nosotros un final feliz. Un "final" feliz que nunca tendrá fin.

Si usted cree en esto, no se aferrará con desesperación a esta vida. Extenderá los brazos anticipando la vida mejor que vendrá. No se robe el gozo de dejar pasar siquiera un día sin anticipar el nuevo mundo que Cristo está preparando para nosotros.

Si usted no conoce a Jesús, no es demasiado tarde. Confiese sus pecados y con humildad acepte el don de su sacrificio expiatorio por usted. Si usted lo conoce, tome sus decisiones diarias a la luz de su destino. Por la gracia de Dios, use el tiempo que le queda en la Tierra presente para acumular tesoros para usted en la Nueva Tierra, para rendirlos a los pies de Cristo para su gloria (Apocalipsis 4:10).

El conocimiento de que este mundo presente terminará y será resucitado en nuevos cielos y una Nueva Tierra debería afectar profundamente su comportamiento. "Deberían vivir ustedes como Dios manda, siguiendo una conducta intachable y esperando ansiosamente la venida del día de Dios. . . . Según su promesa, esperamos un cielo nuevo y una tierra nueva, en los que habite la justicia. Por eso, queridos hermanos, mientras esperan estos acontecimientos, esfuércense para que Dios los halle sin mancha y sin defecto, y en paz con él" (2 Pedro 3:11-14).

Si entendemos lo que quiere decir "un cielo nuevo y una tierra nueva," los *esperaremos* con ansias. (Y si no los estamos esperando con ansias, es simplemente porque *no* entendemos.) La anticipación de nuestro regreso al hogar nos motivará para vivir vidas sin pecado aquí y ahora. Anticipar nuestro futuro en una Tierra resucitada nos puede capacitar para perseverar en un matrimonio difícil, permanecer fieles en la difícil tarea de cuidar a un padre o un hijo enfermizo, o a quedarnos en un trabajo exigente. Moisés permaneció fiel a Dios "porque tenía la mirada puesta en la recompensa" (Hebreos 11:26).

Jesús nos dice que un día sus siervos fieles escucharán que su Señor les dice: "Bien, buen siervo y fiel; sobre poco has sido fiel, sobre mucho te pondré; entra en el gozo de tu señor" (Mateo 25:23, RV60).

La idea de entrar en el gozo del Señor es una figura vívida del Cielo. No es que simplemente estar con el Maestro produce gozo en nosotros, aunque por cierto que lo hará. Es que nuestro Maestro está lleno de gozo. Él toma gozo en sí mismo, en sus hijos, y en su creación. Su gozo es contagioso. El ambiente en el Cielo es puro gozo. El gozo será el mismo aire que respiremos. El Señor es inagotable, por lo tanto su gozo es inagotable.

Piense en estas palabras increíbles: "Bien, buen siervo y fiel

... entra en el gozo de tu señor." Apréndalas de memoria. Son las palabras que *anhelamos* escuchar, las palabras para las cuales fuimos *hechos* para escuchar.

¿Qué cambios necesita iniciar *hoy* para que un día pueda escuchar esas palabras de Dios?

Una vez que estemos en el Cielo, ninguno de nosotros volverá a morir de nuevo, o a sufrir de nuevo, o a estar despierto toda la noche, aferrado a la almohada que está a nuestro lado, deseando que ese ser querido todavía estuviera aquí. Como creyente, el día que yo muera será el mejor día que jamás haya vivido. Pero no será el mejor día que *jamás* viviré. El día de la resurrección será mucho mejor. Y el primer día en la Nueva Tierra —¡ese será el gran paso para la humanidad, y un salto gigante para la gloria de Dios!

Necesito decirles algo a los lectores que están batallando con depresión grave. El hecho de que el Cielo será maravilloso no debe tentarnos a tomar atajos para llegar allí. Si usted está deprimido, tal vez piense que la vida no tiene propósito. Pero mientras que Dios lo mantiene a usted aquí en la Tierra, es *exactamente* donde lo quiere. Él lo está preparando para otro mundo, y sabe con exactitud lo que está haciendo. A través de su sufrimiento, dificultad y depresión, él está ampliando su capacidad para el gozo eterno.

Nuestras vidas en la Tierra son un campo de entrenamiento para prepararnos para el Cielo. No le dé un final terrible a la historia de su vida —termine el curso que Dios le ha dado en la Tierra. Cuando él haya terminado —no antes— lo llevará a su hogar en su propio tiempo y a su propia manera. Mientras tanto, Dios tiene un propósito para usted aquí en la Tierra. No abandone su lugar. (Y por favor, asista a una iglesia que tiene a Cristo como su centro, que cree en la Biblia, y busque un consejero creyente sabio.)

Si todo esto acerca del Cielo presente y de la Nueva Tierra le parece más de lo que usted puede imaginar, lo aliento a que no lo rechace simplemente sobre esas bases.

Después de todo, nuestro Dios es llamado el Dios que "puede hacer muchísimo más que lo que podamos imaginarnos o pedir" (Efesios 3:20). El siguiente versículo le da alabanza al Dios que hace las cosas abundantemente mucho más allá de lo que podamos pensar: "¡A él sea la gloria en la iglesia y en Cristo Jesús por todas las generaciones, por los siglos de los siglos! Amén."

Eso es lo que estarán haciendo eternamente los que conocen a Jesús: glorificarán a Dios y gobernarán la Nueva Tierra, contemplando las maravillas de Dios en la magnificencia de su nueva creación. Cuando veamos el rostro de Dios, pasaremos los siglos venideros aprendiendo más y más de su gracia y bondad.

¡Apenas puedo esperar!

¿Y usted?

LO QUE ASUMEN MUCHAS PERSONAS ACERCA DEL CIELO	LO QUE DICE LA BIBLIA ACERCA DEL CIELO
No es la Tierra	Nueva Tierra
Desconocido	Nuevo, y con lo viejo mejorado
Incorpóreo (platónico)	Encarnada (resucitada)
Extraño (completamente diferente al hogar que conocemos)	Hogar (todas las comodidades del hogar con muchas innovaciones)
Abandonar cosas favoritas	Reteniendo lo bueno; lo mejor se encuentra adelante
Sin tiempo ni espacio	Tiempo y espacio
Estático, inmutable	Dinámica, en desarrollo
Sin arte, cultura ni progreso	Arte, cultura y progreso
Ni viejo (como el Edén) ni nuevo y terrenal; sólo un lugar extraño y no humano	Ambos lo de antes y lo nuevo; conocido e innovador; nostalgia y aventura
Nada que hacer sino flotar en las nubes y tocar la arpa; olvidar nuestra antigua vida y nuestras relaciones	Un Dios a quien adorar y servir; amigos para disfrutar; un universo para gobernar; trabajo con propósito para realizar
Conocimiento instantáneo y completo; no habrá curiosidad; no habrá aprendizaje ni descubrimiento	Una eternidad de aprendizaje y descubrimiento apasionante de Dios y su creación
Aburrido	Fascinadora
No humano; sin individualidad; pérdida de deseo	Individuos completamente humanos; la satisfacción del deseo
Ausencia de lo terrible (pero presencia de muy poco que deseamos)	Presencia de lo maravilloso (todas las cosas que deseamos y ninguna de las que no deseamos)
El fin de la historia	La historia continúa para siempre

NOTAS

1. Anthony A. Hoekema, *The Bible and The Future* (Grand Rapids: Eerdmans, 1979), 50–54. Publicado en español en 2000 como *La Biblia y el Futuro* por Libros Desafío.

2. Ulrich Simon, *Heaven in the Christian Tradition [El Cielo en la Tradición Cristiana]* (London: Wyman and Sons, 1958), 218.

3. C. S. Lewis, *The Weight of Glory and Other Addresses [El Peso de la Gloria y Otros Discursos]*, edición revisada y aumentada (New York: Macmillan, 1980), 3–4.

4. Ola Elizabeth Winslow, *Jonathan Edwards: Basic Writings [Jonathan Edwards: Las Escrituras Básicas]* (New York: New American Library, 1966), 142.

5. "Loving the Church [Amando a la Iglesia]," casete del sermón de C. J. Mahaney en la iglesia Covenant Life Church, Gaithersburg, Md., sin fecha.

6. C. S. Lewis, *Mere Christianity* (New York: Collier, 1960), 118. Publicado en español en 2006 como *Mero Cristianismo* por Rayo.

7. Gerhard Kittel y Gerhard Friedrich, editores, Geoffrey W. Bromiley, traductor y editor, *Theological Dictionary of the New Testament* (Grand Rapids: Eerdmans, 1964–76), 2:288. Publicado en español en 2006 como *Diccionario Teológico del Nuevo Testamento* por Sígueme.

8. Lewis, *Mere Christianity,* 118.

9. Francis Schaeffer, *Art and the Bible [El Arte y la Biblia]* (Downer's Grove, Ill.: InterVarsity, 1973), 61.

10. Efesios 3:20.

11. John Donne, *Sermons III [Sermones III].*

12. Jonathan Edwards, *The Sermons of Jonathan Edwards: A Reader [Los Sermones de Jonathan Edwards]*, editores Wilson H. Kimnach, Kenneth P. Minkema y Douglas A. Sweeney (New Haven, Conn.: Yale University Press, 1999), 74–75.

13. Ibid.

14. Agustín, *The City of God*, 22, 30 y *Confessions* 1, 1, citado en John E. Rotelle, *Augustine Day by Day [Agustín Día tras Día]* (New York: Catholic Book Publishing, 1986). *La Ciudad de Dios* y *Las Confesiones* fueron publicadas en español en 1996 por Akal Ediciones.

15. Agustín, *The City of God,* citado en la obra de Alister McGrath, *A Brief History of Heaven [Una Breve Historia del Cielo]* (Malden, Mass.: Blackwell, 2003), 182–183.

16. C. S. Lewis, *Letters to Malcolm: Chiefly on Prayer [Cartas a Malcolm: Mayormente acerca de la Oración]* (New York: Harcourt, 1963), 76.

17. K. Connie Kang, "Next Stop, the Pearly Gates . . . or Hell? [La Próxima Parada: ¿Cielo o Infierno?]" *Los Angeles Times,* Octubre 24, 2003.

18. Ruthanna C. Metzgar, tomado de su historia "It's Not in the Book! [¡No Está en el Libro!]" © 1998 por Ruthanna C. Metzgar. Usado con permiso. Para la historia completa de Ruthanna, en sus propias palabras, visite el sitio en Internet de Eternal Perspective Ministries: http://www.epm.org/articles/metzgar.html.

19. Anthony A. Hoekema, "Heaven: Not Just an Eternal Day Off [El Cielo: No Es Sólo un Día Feriado Eterno]," *Christianity Today* (Junio 6, 2003).

20. McGrath, *A Brief History of Heaven,* 5.

21. Wayne Grudem, *Systematic Theology: An Introduction to Biblical Doctrine* (Grand Rapids: Zondervan, 1994), 1158. Publicado en español en 2006 como *Teología Sistemática: Una Introducción a La Doctrina Bíblica* por Vida.

22. George Sweeting y Donald Sweeting, "The Evangelist and the Agnostic [El Evangelista y el Agnóstico]," Moody Monthly (Julio/Agosto 1989), 69.

23. Cipriano, *Mortality [Mortalidad],* capítulo 26.

24. Peter Toon, *Heaven and Hell: A Biblical and Theological Overview [El Cielo y el Infierno: Un Resumen Bíblico y Teológico]* (Nashville: Nelson, 1986), 26.

25. McGrath, *A Brief History of Heaven,* 40.

26. C. S. Lewis, *The Weight of Glory and Other Addresses* (Grand Rapids: Eerdmans, 1949), 13.

27. C. S. Lewis, *The Problem of Pain* (New York: Macmillan, 1962), 147. Publicado en español en 2006 como *El Problema del Dolor* por Rayo.

28. Albert Wolters, *Creation Regained: Biblical Basics for a Reformational Worldview* (Grand Rapids: Eerdmans, 1985), 57. Publicado en español en 2006 como *La Creación Recuperada: Bases Bíblicas para una Cosmovisión Reformacional* por Dordt Collage Press.

29. Ibid., 58.

30. Philip P. Bliss, "Hallelujah, What a Savior! [¡Aleluya! ¡Jesús Salva!]" International Lessons Monthly, 1875.

31. D. Martyn Lloyd-Jones, *Great Doctrines of the Bible [Grandes Doctrinas de la Biblia]* (Wheaton, Ill.: Crossway Books, 2003), parte 3, 247–248.

32. Millard Erickson, *Christian Theology [Teología Cristiana]* (Grand Rapids: Baker, 1998), 1232.

33. Donald Guthrie, *New Testament Theology [Teología del Nuevo Testamento]* (Downers Grove, Ill.: InterVarsity, 1981), 880.

34. Walton J. Brown, *Home at Last [Por Fin en Casa]* (Washington, D.C.: Review and Herald, 1983), 145.

35. Paul Marshall con Lela Gilbert, *Heaven Is Not My Home: Learning to Live in God's Creation [El Cielo No Es Mi Hogar: Aprendiendo a Vivir en la Creación de Dios]* (Nashville: Word, 1998), 247, 249.

36. Agustín, *The City of God,* Book XXII, capítulo 29.

37. Richard Mouw, *When the Kings Come Marching In [Cuando Vengan los Reyes]* (Grand Rapids: Eerdmans, 1983), 30.

38. En mi comentario de Isaías 60, me basé en el escrito de Richard Mouw *When the Kings Come Marching In.*

39. A. A. Hodge, *Evangelical Theology: A Course of Popular Lectures [Teología Evangélica: Un Curso de Discuros Populares]* (Edinburgh: Banner of Truth, 1976), 399.

40. Ibid., 399–402.

41. Maltbie D. Babcock, "This Is My Father's World [El Mundo Entero Es del Padre Celestial]," 1901.

42. Apocalipsis 22:3.

43. R. A. Torrey, *Heaven or Hell [Cielo o Infierno]* (New Kensington, Pa.: Whitaker House, 1985), 68.

44. Hoekema, *The Bible and the Future,* 251.

45. Westminster *Larger Catechism [Catecismo Mayor]* (1647), pregunta 87; http://www.reformed.org/documents/index.html?mainframe=http://www.reformed.org/documents/larger1.html. Se puede encontrar en español en http://www.iglesiareformada.com/Catecismo_Mayor_Westminster.html.

46. The Westminster Confession of Faith [Confesión de Fe], Capítulo XXXI, "Of Synods and Councils," Presbyterian Church in America, http://www.pcanet.org/general/cof_chapxxxi-xxxiii.htm. Se puede encontrar en español en http://www.iglesiareformada.com/Confesion_Westminster.html#anchor_45.

47. Joni Eareckson Tada, *Heaven: Your Real Home* (Grand Rapids: Zondervan, 1995), 39. Publicado en español en 1999 como *El Cielo: Su Verdadero Hogar* por Vida

48. Erich Sauer, *The King of the Earth [El Rey de la Tierra]* (Grand Rapids: Eerdmans, 1962), 97.

49. Cornelius P. Venema, *The Promise of the Future [La Promesa del Futuro]* (Trowbridge, U.K.: Banner of Truth, 2000), 461.

50. Greg K. Beale, "The Eschatological Conception of New Testament Theology [La Concepción Escatológica de la Teología del Nuevo Testamento]," *Eschatology in Bible and Theology [La Escatología en la Biblia y la Teología]*, editores Kent E. Brower y Mark W. Elliott (Downer's Grove, Ill.: InterVarsity, 1997), 21–22.

51. Walter Bauer, *The Greek-English Lexicon of the New Testament and Other Early Christian Literature [El Lexicón Griego-Inglés del Nuevo Testamento y Otra Literatura Antigua Cristiana]*, editor Frederick W. Danker, 3ra. edición (Chicago: University of Chicago Press.

52. G. K. Chesterton, *Orthodoxy* (Chicago: Thomas More Association, 1985), 99–100. Publicado en español en 1998 como *Ortodoxia* por Editorial Porrúa.

53. Lewis, *Mere Christianity*, 120.

54. Marshall, *Heaven Is Not My Home*, 32–33.

55. Saint Teresa of Avila, *The Way of Perfection*, capítulo 28, parte 2, Christian Classics Ethereal Library: http://www.ccel.org/ccel/teresa/way.i.xxxiv.html. Publicado en español en 2005 como *Camino de Perfección* por Monte Carmelo.

56. Ireneo, *Heresies [Herejías]*, 5:32, 1 (SC 153:396–399).

57. Dallas Willard, *The Divine Conspiracy: Rediscovering Our Hidden Life in God [La Conspiración Divina: Descubriendo de Nuevo Nuestra Vida Escondida en Dios]* (San Francisco: HarperSanFrancisco, 1998), 378.

58. Mateo 25:23, Reina Valera, 1960.

59. Willard, *The Divine Conspiracy*, 398.

60. McGrath, *A Brief History of Heaven*, 70.

61. C. S. Lewis, *The Last Battle* (New York: Collier, 1956), 169–171. Publicado en español en 1995 como *La Última Batalla* por Editorial Andrés Bello.

62. Isaías 51:3.

63. Ezequiel 36:35.

64. John Wesley, Sermón 60, "The General Deliverance [La Liberación General]."

65. Ibid.

66. Agustín, *Confessions,* traducción de H. Chadwick (Oxford: Oxford Press, 1991), 257.

67. Lewis, *Mere Christianity*, 190.

68. Grudem, *Systematic Theology*, 1158–1164.

69. Jonathan Edwards, *Heaven—A World of Love [El Cielo —Un Mundo de Amor]* (Amityville, N.Y.: Calvary Press, 1999), 24.

70. Colleen McDannell y Bernhard Lang, *Heaven: A History* (New York: Vintage Books, 1988), 307. Publicado en español en 2002 como *Historia del Cielo* por Taurus.

71. Dave Hunt, *Whatever Happened to Heaven? [¿Qué Pasó con el Cielo?]* (Eugene, Ore.: Harvest House, 1988), 238.

72. J. Boudreau, *The Happiness of Heaven [La Felicidad del Cielo]* (Rockford, Ill.: Tan Books, 1984), 120–122.

73. Richard Baxter, *The Saints' Everlasting Rest* (1649). Publicado en español en 2004 como *El Reposo Eterno de los Santos* por Editorial Clie.

74. Boudreau, *The Happiness of Heaven,* 107–108.

75. Víctor Hugo, "The Future Life [La Vida Futura]," citado en el sermón de Dave Wilkinson, "And I Shall Dwell [Y Moraré]," predicado en la iglesia Moorpark Presbyterian Church, Moorpark, California, Febrero 18, 2001. Vea el siguiente sitio Web: http://www.moorparkpres.org/sermons/2001/021801.htm.

76. St. Bede, tomado de un sermón predicado alrededor del año 710.

77. Salem Kirban, *What Is Heaven Like? [¿Cómo Es el Cielo?]* (Huntingdon Valley, Pa.: Second Coming, 1991), 8.

78. Boudreau, *The Happiness of Heaven,* 117.

79. George MacDonald, citado en Herbert Lockyer, *Death and the Life Hereafter [La Muerte y la Vida Más Allá]* (Grand Rapids: Baker, 1975), 65.

80. Amy Carmichael, "Thou Givest . . . They Gather [Das ... Se Reúnen]," citado en *Images of Heaven: Reflections on Glory [Imágenes del Cielo: Reflexiones de la Gloria],* compilado por Lil Copan y Anna Trimiew (Wheaton, Ill.: Harold Shaw, 1996), 111.

81. W. Graham Scroggie, *What About Heaven?* (London: Christian Literature Crusade, 1940), 93–95. Publicado en español en 1986 como *¿Qué Sabemos Sobre el Cielo?* por Editorial Clie.

82. Drake W. Whitchurch, *Waking from Earth: Seeking Heaven, the Heart's True Home [Despertando de la Tierra: Buscando al Cielo, el Verdadero Hogar del Corazón]* (Kearney, Neb.: Morris Publishing, 1999), 95.

83. Agustín, citado en McDannell y Lang, *Heaven: A History,* 60.

84. Jim Elliot, citado en Elisabeth Elliot, *Through Gates of Splendor* (Wheaton, Ill.: Tyndale, 1981). Publicado en español en 1956 como *Portales de Esplendor* por Kregel Publications.

85. *Babette's Feast [El Banquete de Babette]*, película dirigida por Gabriel Axel (Panorama Film, 1987).

86. Mouw, *When the Kings Come Marching In*.

87. Herman Bavinck, *The Last Things [Las Últimas Cosas]* (Grand Rapids: Baker, 1996), 160.

88. Mouw, *When the Kings Come Marching In*, 47.

89. Sam Storms, "Joy's Eternal Increase [El Aumento Eterno del Gozo]," citado de un manuscrito no publicado del punto de vista de Jonathan Edwards sobre el Cielo.

90. Hoekema, "Heaven: Not Just an Eternal Day Off."

91. Venema, *Promise of the Future*, 481.

92. Marshall, *Heaven Is Not My Home*, 30.

93. Ibid.

94. Ibid., 30–31.

95. Arthur O. Roberts, *Exploring Heaven [Explorando el Cielo]* (San Francisco: HarperSanFrancisco, 2003), 148

96. Piper, *Future Grace [Gracia Futura]* (Sisters, Ore.: Multnomah, 1995), 381.

97. McDannell y Lang, *Heaven: A History*, 47.

98. Lewis, *The Last Battle*, 179.

99. James M. Campbell, *Heaven Opened: A Book of Comfort and Hope [El Cielo Abierto: Un Libro de Consolación y Esperanza]* (New York: Revell, 1924), 123.

100. Joni Eareckson Tada, citado en Douglas J. Rumford, *What about Heaven and Hell?* (Wheaton, Ill.: Tyndale, 2000), 31.

101. Robert Browning, "Rabbi Ben Ezra," líneas 1–3, en *Dramatis Personae* (London: Chapman and Hall, 1864).

102. Toon, *Heaven and Hell*, 204.

103. E. J. Fortman, S.J., *Everlasting Life after Death [La Vida Eterna Después de la Muerte]* (New York: Alba House, 1976), 309.

104. John Milton, citado en el libro de Campbell, *Heaven Opened*, 75.

105. Una poesía que se les ha atribuido tanto a Henry Scott Holland como a Henry Van Dyke; no se sabe la fuente.

106. C. S. Lewis, *The Voyage of the "Dawn Treader"* (New York: Scholastic, 1952), 24. Publicado en español en 1995 como *La Travesía del "Explorador del Amanecer"* por Editorial Andrés Bello.

107. Ibid., 180.

108. Calvin Miller, *The Divine Symphony [La Sinfonía Divina]* (Minneapolis: Bethany, 2000), 139.

109. Juan 17:3.

110. Charles H. Spurgeon, *Morning and Evening [Mañana y Tarde]*, Abril 25, mañana.

111. C. S. Lewis, *Perelandra* (New York: Simon & Schuster, 1996), 10. Publicado en español con el mismo título en 2006 por Casa de Libro.

112. Lewis, *Mere Christianity*, 120.

113. Lewis, *The Last Battle*, 228.

También disponible por Tyndale Español

SE HA PREGUNTADO ALGUNA VEZ . . .

¿Cómo va a ser en realidad el Cielo?

¿Qué significará ver a Dios?

¿Qué haremos en la Nueva Tierra?

¿Cómo podemos estar seguros de que iremos al Cielo?

TODOS TENEMOS PREGUNTAS acerca del Cielo. Ahora, en la colección de libros sobre el Cielo más completa hasta la fecha, Randy Alcorn le invita a considerar lo que la Biblia dice acerca del Cielo. Estos libros le ayudarán a entender el Cielo mucho mejor y le ofrecerán también información importante acerca de la eternidad.

- El libro principal, *El Cielo*, contiene información detallada acerca del Cielo y de la Nueva Tierra tal como aparecen en la Biblia. También incluye una amplia sección de preguntas y respuestas en la segunda mitad del libro.

- *El Cielo: Guía de Estudio* le ofrece más de 250 preguntas intelectualmente estimulantes, selecciones de *El Cielo* y referencias bíblicas para ayudarle con su estudio.

- *El Cielo: Respuestas Bíblicas a Preguntas Comunes* es un folleto de 64 páginas que ofrece una muestra de algunas de las preguntas más comunes acerca de la vida después de la muerte en el libro *El Cielo*. Este es un recurso maravilloso para las personas no cristianas (también disponible en paquetes de 20).

CP0209

Le preguntarán . . .

¿Es el Cielo un lugar real?

¿Será el Cielo aburrido?

¿Voy a poder participar allí en deportes y jugar con mis amigos?

¡PREPÁRESE!

El Cielo para Niños

Usando lenguaje para niños, Randy Alcorn explora respuestas bíblicas a las preguntas que los niños a menudo tienen acerca del Cielo. Está basado en el éxito de librería *El Cielo*.

También disponible en inglés
Heaven For Kids

CP0228